T0194370

essentials

essentials liefern aktuelles Wissen in konzentrierter Form. Die Essenz dessen, worauf es als „State-of-the-Art" in der gegenwärtigen Fachdiskussion oder in der Praxis ankommt. *essentials* informieren schnell, unkompliziert und verständlich

- als Einführung in ein aktuelles Thema aus Ihrem Fachgebiet
- als Einstieg in ein für Sie noch unbekanntes Themenfeld
- als Einblick, um zum Thema mitreden zu können

Die Bücher in elektronischer und gedruckter Form bringen das Expertenwissen von Springer-Fachautoren kompakt zur Darstellung. Sie sind besonders für die Nutzung als eBook auf Tablet-PCs, eBook-Readern und Smartphones geeignet. *essentials:* Wissensbausteine aus den Wirtschafts-, Sozial- und Geisteswissenschaften, aus Technik und Naturwissenschaften sowie aus Medizin, Psychologie und Gesundheitsberufen. Von renommierten Autoren aller Springer-Verlagsmarken.

Weitere Bände in der Reihe http://www.springer.com/series/13088

Stefan Georg

Key Performance Indicators für junge Unternehmen

Die Steuerung von Start-ups anhand kritischer Erfolgsfaktoren

Stefan Georg
Quierschied, Deutschland

ISSN 2197-6708   ISSN 2197-6716   (electronic)
essentials
ISBN 978-3-658-27545-7   ISBN 978-3-658-27546-4   (eBook)
https://doi.org/10.1007/978-3-658-27546-4

Die Deutsche Nationalbibliothek verzeichnet diese Publikation in der Deutschen Nationalbiblio-
grafie; detaillierte bibliografische Daten sind im Internet über http://dnb.d-nb.de abrufbar.

Springer Gabler
© Springer Fachmedien Wiesbaden GmbH, ein Teil von Springer Nature 2019

Das Werk einschließlich aller seiner Teile ist urheberrechtlich geschützt. Jede Verwertung, die
nicht ausdrücklich vom Urheberrechtsgesetz zugelassen ist, bedarf der vorherigen Zustimmung
des Verlags. Das gilt insbesondere für Vervielfältigungen, Bearbeitungen, Übersetzungen,
Mikroverfilmungen und die Einspeicherung und Verarbeitung in elektronischen Systemen.
Die Wiedergabe von allgemein beschreibenden Bezeichnungen, Marken, Unternehmensnamen
etc. in diesem Werk bedeutet nicht, dass diese frei durch jedermann benutzt werden dürfen. Die
Berechtigung zur Benutzung unterliegt, auch ohne gesonderten Hinweis hierzu, den Regeln des
Markenrechts. Die Rechte des jeweiligen Zeicheninhabers sind zu beachten.
Der Verlag, die Autoren und die Herausgeber gehen davon aus, dass die Angaben und
Informationen in diesem Werk zum Zeitpunkt der Veröffentlichung vollständig und korrekt
sind. Weder der Verlag, noch die Autoren oder die Herausgeber übernehmen, ausdrücklich oder
implizit, Gewähr für den Inhalt des Werkes, etwaige Fehler oder Äußerungen. Der Verlag bleibt
im Hinblick auf geografische Zuordnungen und Gebietsbezeichnungen in veröffentlichten Karten
und Institutionsadressen neutral.

Springer Gabler ist ein Imprint der eingetragenen Gesellschaft Springer Fachmedien Wiesbaden
GmbH und ist ein Teil von Springer Nature.
Die Anschrift der Gesellschaft ist: Abraham-Lincoln-Str. 46, 65189 Wiesbaden, Germany

Was Sie in diesem *essential* finden können

- Lernen Sie in diesem *essential* die betriebswirtschaftlichen Grundlagen junger Unternehmen kennen.
- Erfahren Sie mehr über die Möglichkeiten des Controllings von Start-ups unter besonderer Berücksichtigung der Möglichkeiten zur Finanzierung junger Unternehmen.
- Informieren Sie sich über die kritischen Erfolgsfaktoren neu gegründeter Betriebe, und lernen Sie mögliche Key Performance Indicators kennen, mit deren Hilfe stabile Controlling-Prozesse möglich werden.

Inhaltsverzeichnis

Gründungserfolg

1

1.1 Aktuelle Situation

Existenzgründungen sind der „Motor für Wachstum und Wettbewerb"[1]. Pro Jahr entstehen aus Gründungen über 400.000 neue Arbeitsplätze für Vollzeitbeschäftigte. Etwa 15 % der Gründungen starteten mit einer Produktinnovation, 20 % sind digitale Unternehmen.[2] Der Anteil von Gründern mit Marktneuheiten entspricht dem langjährigen Mittel und betrug zwischen 2005 und 2017 durchschnittlich 16 %.[3] Innovative Produkte, neue Geschäftsmodelle und Ideen sind wichtige Impulsgeber für die etablierte Wirtschaft, die Wettbewerbsfähigkeit des Wirtschaftsstandortes Deutschland auch in Zukunft weltweit zu erhalten.[4] Gerade Start-ups und mittelständische Unternehmen haben in der Vergangenheit radikale Lösungen für demografische oder technologische Herausforderungen wie die Digitalisierung erbracht, wobei die Entwicklungsmöglichkeiten durch beschränkte finanzielle Ressourcen häufig an ihre Grenzen stießen. Deshalb fordern Existenzgründer und Wachstumsunternehmen mehr private und staatliche Investoren, da die bisherigen Förderungen nicht ausreichend sind und Sicherheiten fehlen.[5] Während technologieintensive Start-ups mit hohem Finanzierungsbedarf vor der Finanzkrise 2008 noch bessere Chancen hatten,

---

[1]BMWI Existenzgründung (2018), Onlinequelle.
[2]Vgl. BMWI Existenzgründung (2018), Onlinequelle.
[3]Vgl. Metzger (2018), S. 3.
[4]Vgl. Sternberg et al. (2014), S. 25.
[5]Vgl. BMWI (2016), Onlinequelle.

© Springer Fachmedien Wiesbaden GmbH, ein Teil von Springer Nature 2019
S. Georg, *Key Performance Indicators für junge Unternehmen*, essentials,
https://doi.org/10.1007/978-3-658-27546-4_1

Wagniskapitalgeber, Business Angels oder Beteiligungsgesellschaften zu finden, ist die Gründung innovativer Unternehmen durch die Zurückhaltung der
Investoren schwerer denn je geworden.[6] Venture Capital Fonds und Business
Angels spielen in Deutschland bei der Gesamtfinanzierung von Start-ups sowie
von kleineren und mittleren Unternehmen im Vergleich zu Ländern wie den USA
nur eine untergeordnete Rolle.[7]

Die Mehrheit der Gründer (80 %) benötigt jedoch überhaupt kein Fremdkapital. Diese Gründer verfügen bereits über die erforderlichen Eigenmittel
oder benötigen lediglich einen bereits vorhandenen PC, Schreibtisch und ein
Auto. Nur 20 % der Gründer nehmen extern Fremd- oder Eigenkapital auf. 13 %
davon sind Mikrofinanzierer mit einem Kapitalbedarf bis 25.000 €, welche sich
die benötigten Mittel im privaten Umfeld beschaffen. Nur 8 % der Gründer
sind Makrofinanzierer mit innovativen Geschäftsideen und einem Kapitalbedarf
von über 25.000 €. Sie wenden sich an Finanzdienstleister, um das erforderliche Kapital zu erhalten. Diese Unternehmen sind wachstumsorientiert und
schaffen Arbeitsplätze, während die kleineren Gründungen wesentlich weniger
wachstumsorientiert und risikobereit agieren.[8]

Um die Gründungskultur zu stärken, entwickelte die Bundesregierung
zusammen mit Vertretern der Wirtschaft im November 2018 die Gründungs-
offensive *GO!*. Durch mehr digitale Beratungsangebote, Vermittlung von
Beratungskompetenz in Schulen und Hochschulen, passgenaue Finanzierungsinstrumente und mehr Wagniskapital sollen Gründungen und Nachfolgen
erleichtert werden. Das Förderprogramm ERP-Kapital stellt mehr Mittel in Form
eigenkapitalähnlicher Finanzierungsinstrumente wie langfristige Nachrangdarle-
hen bereit, die das Eigenkapital der jungen Unternehmen stärken sollen.[9] Diese
Maßnahmen sind überfällig, denn die Gründerszene hat 2017 einen Tiefpunkt
erreicht. Die Gründerquote geht bereits seit 2014 stark zurück und liegt nur noch
bei 1,08 %. 2014 lag die Gründerquote noch bei 1,80 %, 2003 bei 2,80 %. Der
Grund für den Rückgang ist die aktuelle Arbeitsmarktsituation, die vor allem die
Zahl der sogenannten Notgründer schrumpfen lässt.[10]

---

[6]Vgl. Sternberg et al. (2014), S. 23.
[7]Vgl. Sixt (2014), S. 40.
[8]Vgl. Metzger (2018), S. 7.
[9]Vgl. BMWI Existenzgründung (2018), Onlinequelle.
[10]Vgl. Metzger (2018), S. 2.

1.2   Startschwierigkeiten

In Bezug auf den Erfolg einer Gründung gilt die 3–30-Faustregel, welche sich aus dem empirischen Muster der Abbrüche ableitet und besagt, dass 30 % der Gründer das Geschäft in den ersten drei Jahren nach Gründung wieder aufgeben. Im Durchschnitt sind nach 36 Monaten noch 67 % der Gründer im Geschäft. Abweichend von diesem Durchschnittswert ist die Bestandsfestigkeit umso höher, je besser die Kapitalausstattung ist. Etwa ein Drittel der Gründer gibt aus persönlichen Gründen auf, während ein Viertel der Gründer das Geschäft wegen Unwirtschaftlichkeit niederlegt.[11] Das bedeutet, dass die körperlichen und psychischen Belastungen sowie die finanziellen Risiken nicht richtig eingeschätzt wurden. Davor schützen auch Businesspläne nicht, da die Erfolgsrechnung ausschließlich auf Planzahlen basiert. Die meisten Gründungen scheitern an der Finanzierung (70 %). Auch wenn eine Finanzierung die Anfangsinvestitionen decken kann, reichen die finanziellen Mittel auf lange Sicht oft nicht aus. Jeder zweite Gründer scheitert an fehlender Qualifizierung oder mangelhafter Kompetenzen, wobei der Mangel meist nicht in den fachlichen Voraussetzungen begründet liegt, sondern in den notwendigen unternehmerischen Funktionen wie Finanzen, Markterfahrungen, Kundenkommunikation und Organisation. Jede dritte Gründung war schlecht geplant, und 15 % der Gründer konnten ungeplante Schwierigkeiten nicht bewältigen.[12]

Funktionale Defizite bei der Unternehmensgründung sind auch bei Gründungen, welche sonst erfolgreich verlaufen, weit verbreitet. Meist wird der Mangel jedoch schnell behoben oder die Arbeit an Fachpersonen delegiert. Kommen jedoch mehrere Defizite zusammen, können diese die Gründung ernsthaft gefährden. 40 % aller Gründer haben Schwierigkeiten bei der Preiskalkulation, Kosten- und Planungsrechnung, 37 % haben die Finanzierung nicht gründlich überdacht. Nahezu jeder Dritte schätzt den erwarteten Umsatz unrealistisch hoch ein und kann den Kundennutzen der Geschäftsidee oder die Kundenzielgruppe nicht klar definieren. Etwa jeder Vierte kann die eigenen Produkte oder Dienstleistungen nicht verständlich beschreiben oder besitzt unzureichende Branchen- oder Fachkenntnisse.[13] Auch steuerliche Grundkenntnisse sind oft nur unzureichend vorhanden.[14]

---

[11]Vgl. Metzger (2018), S. 9 f.

[12]Vgl. Plümer/Niemann (2016), S. 1.

[13]Vgl. BMWI GründerZeiten 07 (2018), S. 12.

[14]Vgl. Georg (2018a).

Um diese Risiken zu reduzieren, verlangen Finanzinstitute, Investoren und Behörden einen Businessplan, der die Gründer zwingt, ihr Vorhaben aus allen relevanten Perspektiven zu betrachten. Ein Businessplan ist ein „Fahrplan in die Selbstständigkeit"[15], welcher alle wichtigen Überlegungen dazu enthält, wie aus einer Geschäftsidee ein erfolgreiches Unternehmen werden kann. Der häufigste Zweck eines Businessplans ist die Vorlage bei Finanzinstituten oder Investoren, um Gründerdarlehen, Förderungen oder Kapitalbeteiligungen zu erhalten.[16] Meist bleiben Businesspläne und Jahresabschlüsse in jungen Unternehmen die einzige Beschäftigung mit den Finanzen. Da nur jedes vierte Start-up mit Wachstumspotenzial über ausreichend Kapital verfügt, müssen drei von vier Start-ups immer wieder Businesspläne erstellen und ihre Finanzen auf Chancen und Risiken überprüfen (lassen).[17]

Es stellt sich die Frage, wie junge Unternehmen ihre Chancen identifizieren und Risiken frühzeitig erkennen, wenn sie ihren Kapitalbedarf ermitteln. Business Angels stellen in Bezug auf das Know-how im Controlling erhebliche Mängel in Gründungsfirmen fest.[18] Eine Ausnahme bilden digitale Unternehmen und solche Unternehmen, welche eng mit Business Angels oder Investoren zusammenarbeiten und auf diese Weise die Unternehmen von Anfang an als selbstverständliches Element der Wertschöpfungskette unterstützen.[19]

Wer über geeignete Kennzahlen verfügt, kann für das eigene Geschäftsmodell zu jedem Zeitpunkt Chancen, Risiken und den laufenden Kapitalbedarf ermitteln. Für Controllingsysteme – und selbst für Kostenrechnungssysteme – fehlen jedoch häufig zeitliche und personelle Ressourcen. Mangels Erfahrung müssen regelmäßig organisatorische Prozesse und Alltagsprobleme gelöst werden. Doch gerade der Finanzbereich sollte aufgrund seiner existenziellen Bedeutung allem anderen vorgezogen und seine Überwachung schnell zur Routine werden.[20]

Der wesentliche Unterschied zwischen etablierten und jungen Unternehmen im Bereich Controlling besteht darin, dass reife Unternehmen ein Kennzahlensystem auf Erfahrungen aufgebaut haben, während Start-ups zunächst die Hypothesen des Businessplans an die Realität anpassen müssen und sie nach und nach validieren oder falsifizieren müssen. Junge Unternehmen versuchen deshalb, die

---

[15]BMWI Gründer Zeiten 07 (2018), S. 1.

[16]Vgl. BWMI GründerZeiten 07 (2018), S. 1.

[17]Vgl. Bitkom (2018), S. 24 f.

[18]Vgl. Grummer/Brorhilker (2014), Onlinequelle.

[19]Vgl. Schäffer (2017), S. 18.

[20]Vgl. Meier (2017), Onlinequelle.

einzelnen Bereiche immer weiter zu splitten. Die Steuerung erfolgt in Start-ups noch weitgehend „hypothesengetrieben entlang der ganzen Wertschöpfungs-kette".[21] Doch gerade in dieser Situation sind Kennzahlen die ersten Indikatoren, die helfen, Prozesse und Entwicklungen objektiv einzuschätzen. Die klassischen finanziellen Kennzahlen sind hier von geringerem Nutzen. Relevanter sind Kenn-zahlen, die die kritischen Erfolgsfaktoren des Unternehmens analysieren. Man spricht von **Key Performance Indicators** (KPIs). Kennzahlen für Start-ups müs-sen effizient und auch für Berater und Investoren objektiv nachvollziehbar sein. Sie müssen dabei helfen, sinnvolle strategische Entscheidungen zu treffen und zugleich für den Nutzungspunkt aktuell sein, um das Geschäftsmodell weiter-entwickeln zu können.[22]

Jedes Unternehmen muss sein eigenes Kennzahlenset oder -system finden, da Geschäftsmodelle unterschiedliche Wertschöpfungsketten haben. Relevant sind die Kennzahlen, die zum Beispiel diejenigen Kundengruppen identifizieren, welche über den gesamten Kundenlebenszyklus einen Deckungsbeitrag erwirt-schaften. Zur Identifizierung der Zielgruppen eignen sich zum Beispiel die Lifetime Value-Analyse, Wiederbestellquoten, Kosten der Akquisition und Kundenbindung.[23]

Bereits in der Forschungs- und Entwicklungsphase vor der offiziellen Grün-dung des Unternehmens (Seed-Phase) werden die ersten operativen Kennzahlen interessant, da daraus Schlussfolgerungen für das zu erwartende Umsatz- und Gewinnpotenzial gezogen werden können. Umfassende Controllingsysteme sind für junge Unternehmen in der Anfangsphase jedoch oft noch zu komplex und scheitern häufig am erforderlichen Aufwand. Erst in der Wachstums- und Skalierungsphase sollten individuelle, effiziente Kennzahlensets optimiert und ausgebaut werden.[24] Es kommt hierbei auf die Qualität und nicht auf die Quanti-tät der Kennzahlen an sowie darauf, die für die Performance des Unternehmens relevanten Indikatoren der Erfolgsmessung zu identifizieren.

Ein wesentliches Element eines wirksamen Controllings ist ein internes Frühwarnsystem.[25] Andere Autoren kritisieren jedoch die Konzentration auf

---

[21]Grummer/Brorhilker (2014). Onlinequelle.

[22]Vgl. Grummer/Brorhilker (2014). Onlinequelle.

[23]Vgl. Grummer/Brorhilker (2014). Onlinequelle.

[24]Vgl. Lüdtke (2017), S. 36 f.

[25]Vgl. Vietor/Wagemann (2017), S. 11–13.

KPIs, weil die Verbindung zum Unternehmen und zur Strategie fehle.[26] Letztlich sind Managementsysteme in Start-ups nach und nach aufzubauen, je nach Anforderung in unterschiedlicher Intensität und Komplexität.[27]

1.3   Key Performance Indicators

Zielsetzung des vorliegenden Buches ist es, eine Handlungsanleitung für Start-ups zu entwickeln, welche Key Performance Indicators so nutzbringend wie möglich und mit möglichst geringem Aufwand in den Phasen des Start-ups eingesetzt werden können. Der Nutzen wird hauptsächlich daran gemessen, wie wirkungsvoll sie dafür eingesetzt werden können, Chancen und Risiken frühzeitig zu erkennen. Daraus ergibt sich die folgende Fragestellung:

Welche Controlling-Kennziffern und Key Performance Indicators können zur Messung der kritischen Erfolgsfaktoren an die Anforderungen von Start-ups angepasst werden, um Chancen nutzen und Risiken rechtzeitig erkennen zu können?

---

[26]Vgl. Schäffer (2017), S. 18.
[27]Vgl. Lycko/Mahlendorf (2017), S. 27–29, 31.

Betriebswirtschaftliche Grundlagen

2.1 Controlling

Der Begriff Controlling ist in der Literatur nicht einheitlich definiert und wird in seiner inhaltlichen Bedeutung unterschiedlich interpretiert.[1] Controlling stammt aus dem Englischen von *to control* und bedeutet in der Übersetzung *steuern*. Bei Controlling handelt es sich um einen zukunftsorientierten Teilbereich des unternehmerischen Führungssystems, welcher sowohl die Steuerungsfunktion als auch das Kontrollfunktion- und Informationssystem beinhaltet.[2] Die Aufgabe des Controllings besteht darin, die Unternehmensführung mit notwendigen Instrumenten und Informationen zu versorgen und durch sowohl effektives als auch effizientes Handeln die Rationalität des Unternehmens zu sichern.[3] In der Informationsfunktion bereiten Controller die Zahlen aus dem externen und internen Rechnungswesen auf, leiten Kennzahlen ab und analysieren anhand dieser Grundlage das Kostenmanagement.[4]

Während die Informationsfunktion vergangenheitsorientiert ist, arbeitet die Steuerungsfunktion zukunftsbezogen und wird als Planung durchgeführt, um Ziele zu erreichen. Die Planung zeigt auf, welche Ziele sinnvoll sind, welche Probleme sich bei der Zielerreichung ergeben können und welche Alternativen möglich sind. Die Kontrollfunktion betrachtet sowohl die vergangenheits- als auch die zukunftsorientierten Aspekte und vergleicht den Planwert (Soll) mit dem *Ist.*

---

[1]Vgl. Peemöller (2002), S. 36.
[2]Vgl. Jung (2010), S. 1162.
[3]Vgl. Behringer (2018), S. 9.
[4]Vgl. Georg (o. J.), Onlinequelle.

© Springer Fachmedien Wiesbaden GmbH, ein Teil von Springer Nature 2019
S. Georg, *Key Performance Indicators für junge Unternehmen*, essentials,
https://doi.org/10.1007/978-3-658-27546-4_2

Durch die Kontrolle werden Abweichungen aufgedeckt und interpretiert, welche sich zwischen *Soll* und *Ist* ergeben. Darüber hinaus gehören zum Controlling zahlreiche Trends, die sich laufend weiterentwickeln. So wird die Digitalisierung Controlling erheblich erleichtern, zugleich jedoch auch technischer gestalten, Risikomanagement- und Compliance-Systeme werden zunehmend den Aufgabenbereich des Controllers ergänzen und spezialisieren.[5]

Controlling ist ein erfolgs- und zielorientiertes Konzept. Aus diesem Grund werden Controller häufig auch als Lotsen, Navigatoren oder Kopiloten des Unternehmens bezeichnet,[6] welche Führungsaufgaben wahrnehmen und Daten aus unterschiedlichen Unternehmensbereichen verarbeiten.[7] Controlling beinhaltet jedoch keine formelle Führungsfunktion, sondern dient lediglich dazu, die Führung bei der Steuerung oder Lenkung des Unternehmens zu unterstützen.[8] Controller bereiten die Entscheidungen nur vor, treffen sie aber letztlich nicht. Ist das Controlling für das gesamte Unternehmen zentral organisiert, gibt es eine Stabsstelle Zentralcontrolling, die der Unternehmensleitung fachlich und disziplinarisch Bericht erstattet. In der dezentralen Organisation besitzt jede Funktion oder jedes Geschäftsfeld ein eigenes Controlling.[9]

Controlling wird formal im Hinblick auf den Planungshorizont, den Funktionsbereich, das Unternehmensziel, das Controlling-Objekt oder die Lebensphase des Unternehmens differenziert. In Bezug auf den Planungshorizont wird strategisches und operatives Controlling unterschieden:[10]

- Das *strategische Controlling* befasst sich mit der Analyse von Stärken und Schwächen des Unternehmens sowie mit Chancen und Risiken der Umwelt. Zielgröße ist das Erfolgspotenzial der nachhaltigen Existenzsicherung. Dazu gehört auch das Risikocontrolling, welches potenzielle Risiken analysiert und überwacht.
- Das *operative Controlling* beschäftigt sich mit der Wirtschaftlichkeit und Rentabilität sowie Liquidität des Unternehmens. Es verwaltet das Budget und übernimmt die Feinplanung des laufenden Geschäftsjahres. Informationsquelle ist primär das interne Rechnungswesen.

---

[5]Vgl. Behringer (2018), S. V.
[6]Vgl. Horváth (1981), S. 6.
[7]Vgl. Diehm (2017), S. 10.
[8]Vgl. Wittenberg (2006), S. 41.
[9]Vgl. Behringer (2018), S. 13.
[10]Vgl. Werner (2018), Onlinequelle.

Tab. 2.1   Controlling-Arten im Hinblick auf den Planungshorizont. (Quelle: Vgl. Horváth 1996, S. 246)

	Strategisches Controlling	Operatives Controlling
Zeitraum	Ab 2 Jahre	Bis 2 Jahre
Inhalte	• Strategie • Analyse Unternehmensumwelt und -entwicklung	• Budgetierung • Wirtschaftlichkeit betrieblicher Prozesse
Ziele	• Steigerung von Erfolgspotenzial • Strategieentwicklung/-anpassung • Nachhaltige Sicherung der Existenz	• Gewinnmaximierung • Rentabilitätssteigerung • Liquiditätssicherung
Controlling-Instrumente	• Benchmarking • Make or Buy-Analyse • Produktlebenszyklus-Analyse • Portfolio-Analyse • Erfahrungskurvenkonzept • Target-Costing • Prozesskostenrechnung • Shareholder-Value-Analyse	• ABC-Analyse • Break-Even-Analyse • Investitionsrechnung • Bestellmengenoptimierung • Wertkettenanalyse • Kurzfristige Erfolgsrechnung • Soll-Ist-Vergleich

Tab. 2.1 zeigt die unterschiedlichen Ziele sowie Inhalte des strategischen und operativen Controllings und gibt einen Überblick über die Vielfalt von Instrumenten.

Unter dem Funktionsaspekt konzentriert sich das Controlling auf betriebliche Funktionsbereiche, gliedert sich nach der klassischen, der verrichtungsorientierten und der fachlich spezifischen Unternehmensorganisation (Tab. 2.2). Die Bereiche Forschung und Entwicklung, Einkauf, Produktion und Absatz beziehen sich primär auf Industrieunternehmen.

Das zielorientierte Controlling (Unterscheidung nach dem Unternehmensziel) setzt zur Erreichung bestimmter übergeordneter Unternehmensziele ausgewählte Controlling-Arten ein (Tab. 2.3). Dazu passt es die Aktivitäten und Instrumente den avisierten Zielen an.

Das objektorientierte Controlling richtet seinen Fokus auf ein bestimmtes Controlling-Objekt. Dazu werden wie beim zielorientierten Controlling Controlling-Arten gewählt und eingesetzt.[11]

---

[11]Vgl. Wittenberg (2006), S. 52.

Tab. 2.2 Controlling-Arten im Hinblick auf den Funktionsbereich. (Quelle: Vgl. Bramse-mann 1990, S. 55)

Controlling-Arten	Strategisches Controlling
Finanz-Controlling	Analyse und Steuerung des Finanzbereichs, Koordination zwischen Finanzbereich und den Leistungsbereichen des Unternehmens bzw. der Unternehmensführung
Personal-Controlling	Bereitstellung des Kontroll-, Analyse- und Steuerungs-instrumentariums mit Fokus auf personalwirtschaftliche Entscheidungen und Maßnahmen
Forschung und Entwicklung (F & E)-Controlling	Kontroll- und Steuerungsinstrumentarium zur Planung und Durchführung von F&E-Projekten hinsichtlich des magi-schen Dreiecks des Projektmanagements aus Zeit, Kosten und Qualität
Einkaufs-Controlling	Instrumentarium zur Analyse und Optimierung der Ver-sorgung des Unternehmens mit den benötigten Rostoffen, Waren, Dienstleistungen, Anlagegütern etc.
Produktions-Controlling	Sicherstellung, Überwachung und Optimierung des Leistungserstellungsprozesses im Unternehmen
Absatz-Controlling	Analyse von Marktveränderungen und zielgerichtete Kon-trolle und Steuerung von Vertrieb und Absatz des Unter-nehmens

Tab. 2.3 Controlling-Arten im Hinblick auf das Unternehmensziel. (Quelle: Vgl. Dintner 1999, S. 22)

Controlling-Arten	Strategisches Controlling
Rentabilitäts-Controlling	Planung, Steuerung und Kontrolle des wirtschaftlichen Erfol-ges des Unternehmens oder einzelner Unternehmenseinheiten
Impairment-Controlling	Prozesse und Instrumente zur frühzeitigen Identifikation und Steuerung von möglichen Wertberichtigungsrisiken (Impair-ments) bei immateriellen und materiellen Vermögenswerten nach der Aufdeckung stiller Reserven
Liquiditäts-Controlling	Analyse, Disposition und Vorausschau der liquiden Mittel zur Sicherstellung der Zahlenfähigkeit des Unternehmens
Value-Controlling	Controlling-Aktivitäten und -Instrumente, die speziell auf die Erhaltung und Steigerung des Unternehmenswertes aus-gerichtet sind

Die Unterscheidung nach Entwicklungsstand orientiert sich an der Lebens-phase des Unternehmens. Jedes Unternehmen durchläuft vom Start bis zur Liqui-dation unterschiedliche Lebensphasen, die unterschiedliche Anforderungen an Controllinginstrumente stellen und unterschiedliche Ziele verfolgen.[12]

Letztlich orientiert sich das Controlling immer an den kritischen Erfolgs-faktoren des Unternehmens. Sie kennzeichnen die Leistung (Performance) des Unternehmens und machen letztlich den Unterschied zur Konkurrenz aus.

2.2 Performance Management

Der Begriff *Performance Management* (Leistungsmanagement) wurde Mitte der 1980er Jahre in den USA geprägt und ist ein Oberbegriff für alle Maßnahmen zur Leistungssteigerung in Unternehmen. Gebräuchlich sind auch die Synonyme *Corporate Performance Management* (CPM) und *Enterprise* bzw. *Business Per-formance Management*.[13] Eine zentrale Aufgabe ist die frühzeitige Erkennung von Trends und das zielgerichtete Einführung von Maßnahmen, um Chancen wahrzunehmen oder Risiken zu mindern oder zu beseitigen.[14]

Der Begriff *Performance*[15] wird im Deutschen vielfältig interpretiert, ist jedoch weitreichender als die wörtliche Übersetzung *Leistung*. Der Performance werden die zwei Dimensionen Effizienz und Effektivität zugeschrieben, das heißt die möglichst wirtschaftliche Nutzung der Ressourcen (Input), um best-mögliche Ergebnisse zu erreichen (Output). Die Effektivität bezieht sich auf den Befriedigungsgrad der Kundenbedürfnisse.[16] Im Laufe der Zeit kamen weitere Dimensionen hinzu, um Performance zu definieren: Produktivität, Flexibilität, Kreativität, Nachhaltigkeit und Agilität.[17]

---

[12]Vgl. Wittenberg (2006), S. 53.

[13]Vgl. Buhrymenka (2012), S. 28.

[14]Vgl. Buhrymenka (2012), S. 30.

[15]Performance engl. = Leistung.

[16]Vgl. Neely/Gregory/Platts (1995), S. 80.

[17]Vgl. Kleindienst (2017), S. 34.

2.2.1 Performance Measurement und Kennzahlen

Der Übergang zwischen Performance Management und Performance Measurement findet dort statt, wo die Erkenntnisse aus der Analyse der erhobenen Daten (Measurement) in Entscheidungen und Handlungen (Management) übergehen.[18] Der Begriff Performance Measurement ist von zahlreichen Autoren auf unterschiedliche Weise definiert worden.[19] Vereinfacht steht der Begriff für die Quantifizierung des qualitativen Begriffes Performance mithilfe von Messgrößen, Kennzahlen, Indikatoren und Kennzahlen-Systemen.[20] Die Quantifizierung ermöglicht, Sachverhalte und Informationen vergleichbar und aggregiert darzustellen und Maßstäbe für Bewertungen definieren zu können.[21] Diese Formulierung entspricht dem Oberbegriff Kennzahlen im weiteren Sinne, dem die Begriffe Kennzahlen im engeren Sinne und Indikatoren zugeordnet sind. Den Unterschied definiert Gladen wie folgt:

„Kennzahlen im engeren Sinne sind Maßgrößen, die willentlich stark verdichtet werden zu absoluten oder relativen Zahlen, um mit ihnen in einer konzentrierten Form über einen zahlenmäßig erfassbaren Sachverhalt berichten zu können" und „Indikatoren sind im engeren Sinne keine über Verdichtung gewonnenen quantitativen Informationen. Sie sind Ersatzgrößen, deren Ausprägung oder Veränderung den Schluss auf die Ausprägung und Veränderung einer anderen als wichtig erachteten Größe zulassen."[22]

Die Begriffe Kennzahlen und Indikatoren werden zwar häufig synonym verwendet, unterscheiden sich jedoch grundlegend. Key Performance Indicators sind Richtungsgrößen, die eine Entwicklung aufzeigen. Es sind spezielle Kennzahlen, die für kritische Erfolgsfaktoren verwendet werden und strategisch relevante Aspekte messen.[23] Absolute Kennzahlen sind einzelne Werte wie Summen oder Mittelwerte. Relative Kennzahlen stehen in einem bestimmten Verhältnis zueinander – wie etwa Index-, Gliederungs- oder andere Beziehungszahlen – und haben durch ihren Bezug bzw. ihre Vergleichbarkeit eine höhere Aussagekraft in Bezug auf Kausalität, Anteilen oder Veränderungen.[24]

---

[18]Vgl. Buhrymenka (2012), S. 35.

[19]Vgl. die Auflistung von Definitionen bei Kleindienst (2017), S. 35 f.

[20]Vgl. Pidun (2015), S. 41.

[21]Vgl. Kleindienst (2017), S. 40.

[22]Gladen (2014), S. 9.

[23]Vgl. Parmenter (2010), S. 4; Kaack (2012), S. 48.

[24]Vgl. Gladen (2014), S. 15–17.

2.2.2 Performance Management am Beispiel des Vertriebs

Hohe Kundenorientierung ist der zentrale Erfolgsfaktor des Sales Performance Managements, an der sich alle Ziele, Ansätze und Dimensionen ausrichten. Bei der Ableitung von Maßnahmen hat Kundenorientierung deshalb höchste Relevanz. Ziele und Aufgaben des Sales Performance Managements sind auf die vier Dimensionen Strategie, Organisation, Controlling und Personal verteilt. Abb. 2.1 zeigt die Aufgabenbereiche von vier Dimensionen, die über Leistungsverbesserungspotenzial verfügen.

Die Dimension *Strategie* zielt auf Verbesserung der Leistungen für den Kunden und in der Wettbewerbspositionierung ab. Dazu gehören die Definition, Dokumentation, Gestaltung, Überwachung und Ausrichtung aller Vertriebsstrategien und die Implementierung von Frühwarnsystemen hinsichtlich Marktveränderungen. Aufgabe der Dimension *Organisation* ist die Gestaltung der Aufbauorganisation und die Ausstattung mit ausreichenden Ressourcen wie IT-Systemen zur Unterstützung der Prozesse. Aufgaben der Dimension *Controlling* sind die Gestaltung von Steuerungskonzepten für den Vertrieb, die Definition und Operationalisierung

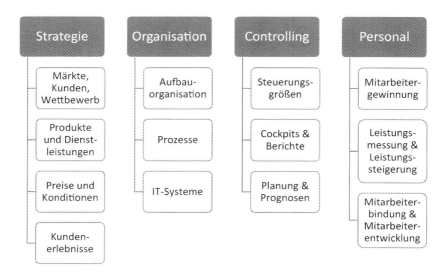

Abb. 2.1 Beispiel für die Organisation und den Aufbau eines Performance Managements am Beispiel Vertrieb. (Quelle: Vgl. Pufahl 2015, S. 3 f.)

der Key, die Erstellung von Cockpits und Berichten für das Management sowie konsistente, detaillierte Planungen und Soll-Ist-Kontrollen. Aufgaben der Dimension *Personal* sind die Qualifizierung der Vertriebsmitarbeiter im Hinblick auf die Zielerreichung, regelmäßige Identifizierung der Mitarbeiter-Deltas zu den Kompetenzen, die für die Erreichung der Marktziele erforderlich sind und Maßnahmen zur Kompetenzsteigerung.[25] Im Verlauf der vertrieblichen Leistungssteuerung (Leistung planen, verbessern, messen, kommunizieren) kommt der Kommunikation mit den Mitarbeitern eine hohe Bedeutung zu.[26]

2.3   Start-ups und junge Unternehmen

Der Begriff Start-up ist definiert durch ein neu gegründetes Unternehmen mit einer überdurchschnittlich innovativen Geschäftsidee und überdurchschnittlichem Wachstums- und Renditepotenzial.[27] In der ersten Phase des Lebenszyklus müssen Kundensegmente und der Markt erst erschlossen werden. Es gibt noch keine verwendbaren Erfahrungs- und Vergleichswerte, sodass Erfolgsprognosen und Marktbedingungen mit hoher Unsicherheit behaftet sind. Wenige finanzielle und personelle Mittel stehen den hohen Kosten für den Aufbau des Unternehmens und die Markterschließung gegenüber. Produktion, Vertrieb, Marketing, Forschung und Entwicklung müssen erst aufgebaut werden.[28] In der Wissenschaft und der Praxis werden Start-ups generell als junge Wachstumsunternehmen mit einer innovativen Geschäftsidee bezeichnet, die infolge ihres schnellen Wachstums und hohen Investitionsbedarf viel Kapitalbedarf haben. Eine exakte zeitliche Eingrenzung unterbleibt meist jedoch und wird mit Begriffen wie „noch nicht etabliert"[29] umschrieben. Das Start-up ist nicht einfach ein kleines wachsendes Unternehmen, sondern eine „temporäre, flexible Organisation […] auf der Suche nach einem nachhaltigen Geschäftsmodell"[30], das vor allem skalierbar und profitabel sein soll.[31]

---

[25]Vgl. Pufahl (2015), S. 3 f.

[26]Vgl. Buhrymenka (2012), S. 29.

[27]Vgl. Hahn (2014), S. 4.

[28]Vgl. Kühnapfel (2015). S. 1.

[29]Achleitner (2018), o. S.

[30]Dorf et al. (2014), S. 12.

[31]Vgl. Dorf et al. (2014), S. 12.

Die umfassendste deutsche Studie über Start-ups ist der jährlich erscheinende Bericht *Deutscher Start-up Monitor* (DSM), welche vom Bundesverband Deutsche Start-ups initiiert und durch KPMG Deutschland herausgegeben wird. Der DSM definiert Start-ups anhand von drei Merkmalen:[32]

- Start-ups sind jünger als zehn Jahre.
- Start-ups sind mit ihrer Technologie oder ihrem Geschäftsmodell hoch innovativ.
- Start-ups weisen ein signifikantes Mitarbeiter- und/oder Umsatzwachstum auf (oder streben es an).

Diese drei Kriterien sind die Voraussetzungen für eine Teilnahme an der Studie. Mindestens müssen Punkt 1 sowie einer der beiden anderen Punkte erfüllt sein. Dennoch können Start-ups nicht immer eindeutig von anderen Formen der Existenzgründung abgegrenzt werden und entstanden ursprünglich in der IT-Szene. Mittlerweile werden jedoch alle Branchen einbezogen, auf welche die Anforderungen zutreffen. Häufig gehen die Gründungen aus Forschungsprojekten in den Universitäten hervor. Abb. 2.2 zeigt einen Überblick über die Häufigkeit der einzelnen Start-up-Branchen.

Führend in dieser Gründungsform sind weiterhin IT-Unternehmen oder hoch digitalisierte Unternehmen. Trotz der Abgrenzung zu Existenzgründern ist es jedoch nicht möglich, die Grundgesamtheit aller Start-ups für Deutschland zu bestimmen, da die Grenzen häufig fließend verlaufen. 2017 konnten 1837 Datensätze identifiziert und in die Studie aufgenommen werden, welche eindeutig den gestellten Bedingungen entsprachen. Die folgenden Informationen aus der DSM-Studie beruhen von daher nicht auf einer Vollerhebung, da die Grundgesamtheit nicht gänzlich bestimmt werden kann.[33]

Drei von vier Start-ups werden im Team von im Schnitt 2,3 Gründern gegründet. 25,1 % sind Sologründungen. Im Jahr 2017 beschäftigten die Start-ups durchschnittlich 10,9 Mitarbeiter und planen für 2018 die Neueinstellung von jeweils durchschnittlich 7,5 weiteren Mitarbeitern. Regional gibt es bei den Neueinstellungen erhebliche Abweichungen vom Durchschnittswert, denn die

---

[32]Vgl. Kollmann et al. (2017), S. 16.

[33]Vgl. Kollmann et al. (2017), S. 86.

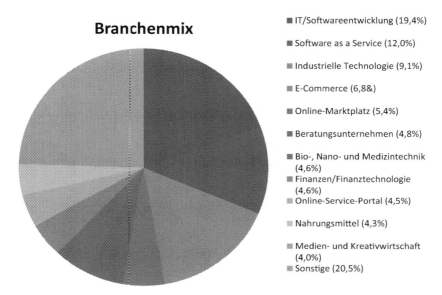

Abb. 2.2 Branchen für innovative, wachstumsstarke Start-ups. (Quelle: Vgl. Kollmann et al. 2017, S. 23)

meisten Neueinstellungen (14,4 Mitarbeiter) sind in Berlin geplant, während in Hannover/Oldenburg lediglich 3,6 Mitarbeiter eingestellt werden sollen.[34]

Start-ups werden fünf Stufen (Stages) zugeordnet, die weniger von bestimmten Zeitintervallen bestimmt werden, als von der jeweiligen Reifephase, die das Unternehmen mit seinem Produkt durchläuft (Abb. 2.3).

2017 befand sich fast jedes zweite Start-up (45,6 %) in der Start-up Stage, in welcher ein bereits marktreifes Produkt vorliegt und erste Umsätze realisiert wurden. Bei etwa jedem fünften Unternehmen (21,4 %) ist das Produkt noch nicht marktreif, und es werden noch keine Umsätze erzielt. Diese Phase der Konzeptentwicklung wird *Seed Stage* genannt. Sobald das Unternehmen am Markt eine erheblich steigende Nachfrage feststellt, beginnt die *Growth Stage*. Bei jedem vierten Unternehmen (25,6 %) haben die Anzahl der Kunden und der Umsatz stark zugenommen, sodass sie sich in der Growth Stage befinden. In der Spätphase

---

[34]Vgl. Kollmann et al. (2017), S. 31, 33.

Abb. 2.3 Phasen der
Unternehmensentwicklung

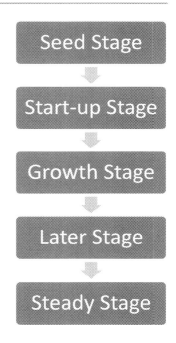

(Later Stage) befinden sich 1,7 % und in der *Steady Stage* noch 2,5 % der Start-ups. Das Unternehmen ist bereits etabliert und plant den nächsten Schritt – den Verkauf oder den Börsengang – oder befindet sich bereits in dieser Entwicklung. Die Steady Stage entspricht der Reifephase des Unternehmenszyklus, in dem – geplant oder ungeplant – die Umsätze nicht mehr wachsen.[35] Die Einteilung in Stages spielt vor allem in der Finanzierung eine Rolle.

Ein deutliches Merkmal von Start-ups ist der Mut zu kreativen Wegen: in der strategischen Ausrichtung konzentrieren sie sich vor allem auf Produktentwicklung (89,7 %) und Profitabilität (84,3 %). Drei von vier Unternehmern fokussieren ein schnelles Wachstum, für 28,1 % ist dieses Ziel sogar sehr wichtig. Während bei Produktentwicklung, Profitabilität und Wachstum die Skalierung „sehr wichtig" und „wichtig" vorherrscht, sind interne Ziele und Strategien vorwiegend nur „eher wichtig". Start-ups bündeln ihre Ressourcen

---

[35]Vgl. Kollmann et al. (2017), S. 22.

im Hinblick auf die Produkt- und Marktentwicklung, während Aufgaben wie Organisationsentwicklung (Prozesse, Strukturen, Kommunikation), Stärkung der Mitarbeitermotivation und -förderung sowie Normen, Werte, Stärkung der Unternehmenskultur weniger vorrangig behandelt werden.[36] Dies hängt auch davon ab, welche Kompetenzen die Gründer mitbringen. Der Vorteil von Teamgründungen ist, dass die Mitglieder meist einen größeren fachlichen Bereich abdecken können. In den meisten Gründungen (88,9 %) sind die Teammitglieder fachlich für unterschiedliche Bereiche zuständig. Die Teammitglieder verlassen sich auf die fachlichen Informationen der anderen und vertrauen ihrer Expertise. Noch weitgehend unzufrieden sind Gründer mit der Arbeitseffizienz und der Arbeitskoordination in ihrem Team. In etwa der Hälfte der Teams werden die anstehenden Aufgaben noch nicht zufriedenstellend koordiniert und effizient erledigt. Die Zusammenarbeit mit den Mitarbeitern ist partnerschaftlich, die Entscheidungswege kurz und die Hierarchieebenen flach. 29,5 % der Start-ups haben eine Ebene, 42,7 % zwei und 20,9 % drei Hierarchieebenen.[37]

Sowohl Start-ups als auch andere junge Unternehmen sind von der Umsetzung ihrer kritischer Erfolgsfaktoren und der ausreichenden Ausstattung mit Kapital abhängig.

2.4   Finanzierung von Start-ups und jungen Unternehmen

Da Start-up-Gründungen mit hohen Risiken verbunden sind, wird die klassische Bankenfinanzierung meistens nur durch weitreichende Sicherheiten und die persönliche Haftungsverpflichtung der Gründer gewährt. Sind diese Sicherheiten nicht vorhanden, werden die Kreditanträge abgelehnt. In vielen Fällen helfen die Hausbanken jedoch bei der Beschaffung von staatlichen Fördergeldern; andere Gründer versuchen, neue Finanzierungsformen wie *Crowdfunding* aufzutun. Abb. 2.4 zeigt einen Überblick über die prozentualen Anteile der Finanzierungsquellen.

Abb. 2.4 zeigt, dass die meisten Gründungen eigenfinanziert sind oder von Freunden und Familie finanziell unterstützt werden. Jeder dritte Gründer erhält zwar staatliche Fördermittel, diese decken jedoch meist den Finanzbedarf nicht; nur jeder fünfte Gründer wird durch Business Angels unterstützt.

---

[36]Vgl. Kollmann et al. (2017), S. 41.
[37]Vgl. Kollmann et al. (2017), S. 45.

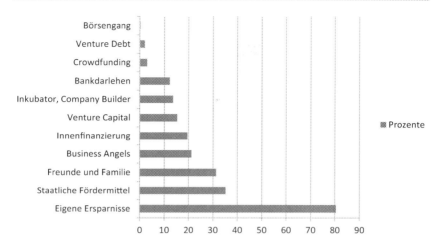

Abb. 2.4 Prozentuale Anteile der Finanzierungsquellen von Gründern. (Quelle: Statista 2018, Onlinequelle)

2.4.1   Finanzierung durch Banken

Für deutsche Unternehmen allgemein ist die klassische und häufigste Finanzierungsquelle das Bankdarlehen. Spätestens seit der Finanzkrise hat sich das Finanzierungsklima jedoch zunehmend verschlechtert.[38] Die Basel III Regelungen schreiben vor, den gesetzlich vorgeschriebenen Eigenkapitalanteil von 8 % der Risikopositionen und eine Reihe von Risikoregeln einzuhalten. Davon betroffen sind insbesondere Start-ups und junge Unternehmen, die noch keine Sicherheiten anbieten können.[39]

Abb. 2.5 zeigt Alternativen zum klassischen Bankdarlehen, die in Europa jedoch nur selten zur Anwendung kommen. Zwei Drittel der kleineren Unternehmen bevorzugen den Gang zur Bank.[40] Während in Europa die Unternehmensfinanzierung bei entsprechenden Sicherheiten weiterhin weitgehend

---

[38]Vgl. Zimmermann (2017), S. 3.

[39]Vgl. Baulig (2014). Onlinequelle; Bundesministerium der Finanzen (2010), Onlinequelle.

[40]99,8 Prozent der Unternehmen in der EU sind KMU (vg. Padevit (2014), S. 22).

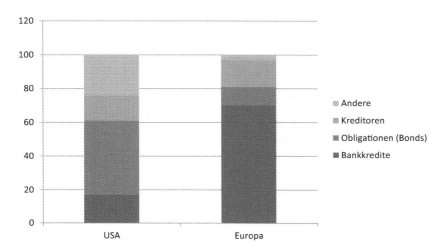

Abb. 2.5 Unternehmensfinanzierung in Europa und USA 2012. (Quelle: Vgl. Padevit 2014, S. 22)

über Bankdarlehen läuft (70 %) und die einzige nennenswerte Alternative Kreditoren (= Lieferantenkredite) sind, finanzieren US-amerikanische Unternehmer ihre Projekte überwiegend mit Obligationen (Bonds) und anderen Alternativen.[41] Obligationen sind Anleihen (festverzinsliche Darlehen), die von Gemeinden, Unternehmen, Kreditinstituten usw. an Kapitalsuchende ausgegeben werden.[42] Auch der Prozentsatz nicht genannter Alternativen ist in den USA wesentlich höher als in Europa. Europäische Unternehmen sind demnach in Bezug auf Geldquellen von Banken extrem abhängig.[43]

Aufgrund der geringen Praxis fehlt kleinen Unternehmen die Erfahrung mit alternativen Kapitalbeschaffungsmöglichkeiten, oft vertrauen die Unternehmer diesen zudem nicht. Alternativen wie Lieferantenkredite (Kreditoren), spezialisierte Anlagefonds oder kleinere Anleiheemissionen werden überwiegend von großen Unternehmen genutzt. Obligationen können auch direkt vom Emittenten bezogen werden, die Bank als Intermediär wird nicht mehr benötigt. Auch die

---

[41]Vgl. Padevit (2014), S. 22.
[42]Vgl. Wirtschaftslexikon 24.com (o. J.), Onlinequelle.
[43]Vgl. Zimmermann (2017), S. 3.

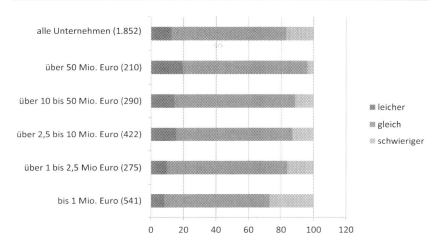

Abb. 2.6 Probleme bei der Kreditaufnahme kleine versus große Unternehmen. (Quelle: Vgl. Zimmermann 2017, S. 3)

speziell für Start-ups und kleine Unternehmen ins Leben gerufene Lending- und Crowdfunding-Plattformen werden nur zögernd angenommen. Da aufgrund der hohen Transaktionskosten nur sehr hohe Kreditvolumen über 10 Mio. EUR für Kreditgeber interessant sind, wird häufig auch nur abgelehnt, weil das benötigte Kreditvolumen zu klein ist. Am Kapitalmarkt muss der Kapitalbedarf sogar mehr als 30 Mio. EUR betragen. *Direct Lending* mit Kreditvolumen ab 10 Mio. EUR ist für kleinere und mittlere Unternehmen ebenfalls unerreichbar, Kreditgeber sind hier institutionelle Investoren wie Versicherungen, Pensionskassen oder spezialisierte Fonds. Direct Lending hat vergleichbare Bedingungen wie am Kapitalmarkt emittierte Obligationen.[44] Manche Banken kommen zwar den Kreditwünschen von Start-ups oder jungen Wachstumsunternehmen nicht nach, haben jedoch Beteiligungsgesellschaften gegründet, die als Venture Capital-Geber auftreten und vollhaftendes Eigenkapital an diese Zielgruppe ausgeben.[45]

Abb. 2.6 zeigt, dass der Zugang zu Kapital von der Unternehmensgröße abhängt. Bis 1 Mio. EUR Umsatz hat jeder vierte Kapitalsuchende Schwierigkeiten

---

[44]Vgl. Padevit (2014), S. 22.
[45]Vgl. Baulig (2014), Onlinequelle.

beim Zugang zu Kapital. Auch ist es im Vergleich zu früheren Kreditvergaben schwieriger geworden, Kapital zu erhalten.[46]

Während fast jedes vierte kleine Unternehmen mit einem Umsatz von unter einer Million Euro keinen Kredit erhält, ist dieser Prozentsatz bei großen Unternehmen mit über 50 Mio. EUR Umsatz wesentlich kleiner (3,8 %).[47] Als Gründe für die Verweigerung werden von den Bankinstituten neben einem ungünstigen Transaktionskosten/Rendite-Verhältnis die Unsicherheit über die Entwicklung des kleinen oder jungen Unternehmens, Mangel an Sicherheiten sowie die hohe Risikostufe nach Basel-III-Anforderungen. Durch das aktuell niedrige Zinsniveau sind die Transaktionskosten wegen der niedrigen Gewinnspanne und die Kompensation bei einem Ausfall noch ungünstiger geworden.[48]

2.4.2 Nicht-institutionelle Finanzierungen

Nicht-institutionelle Kapitalgeber sind Venture-Capital (VC-)Geber oder Business Angels, welche meist auf eine bestimmte Phase der Start-ups spezialisiert sind. Von Venture-Capital-Gebern und Business Angels betreute Start-ups sind üblicherweise technologieorientierte, wissensbasierte und/oder innovative Unternehmen mit dynamischem Wachstum. Sie ordnen Start-ups anhand ihres Lebenszyklus zu (Seed, Start-up, First Stage und Later Stage, Wachstumsphase). Tab. 2.4 zeigt die einzelnen Gründungsphasen und Zielgruppen der VC-Geber und Business-Angels.[49]

Fremdkapital steht erst in den späteren Phasen zur Verfügung. In der Frühphase treten neben Kapitalgeber aus dem privaten Umfeld ausschließlich Business Angels und VC-Geber auf, während in der späteren Wachstumsphase Beteiligungsformen vorherrschen.

2.4.3 Crowdfunding

Crowdfunding ist eine internetspezifische Finanzierungsform. Neben nicht-kommerziellen und gemeinnützigen Formen gibt es die kommerzielle Form, bei der

---

[46]Vgl. Baulig (2014), Onlinequelle.

[47]Vgl. Zimmermann (2017), S. 15.

[48]Vgl. Zimmermann (2017), S. 4 f.

[49]Vgl. Kulicke/Leimbach (2012), S. 20.

Tab. 2.4 Finanzierungsformen im Lebenszyklus junger Unternehmen. (Quelle: Vgl. Kulicke/Leimbach 2012, S. 20)

Finanzierungsphasen						
	Early Stage			Later Stage		
Phase	Seed	Start-up	First-Stage	Second-Stage	Third-Stage	Bridge bzw. IPO
Hauptaufgabe	Forschung & Markt-analyse	Gründung	Produktions-beginn & Markt- einführung	Nationale Expansion	Internationa-lisierung	Vorbereitung des Börsengangs
Unternehmens-nahes Eigenkapital	Privatvermögen, Freunde, Förderungen			Option Strategischer Partner		
Externes Eigenkapital	Incubator, Business Angel	Business Angel	Venture Capital	Venture Capital	Private Equity	Private und Public Equity
Mezzanine- Kapital				Mezzanine-Kapital		
Besichertes Fremdkapital	Wenig Fremdkapital, besichert mit Privatvermögen oder staatlicher Haftung			Fremdkapital-anteil steigt	Hoher Fremdkapitalanteil	

Investoren Geld verleihen (Crowdlending) oder Geld investieren (Crowdinvesting). Beim *Crowdlending* besteht die Rückvergütung der Kapitalnehmer – wie bei Krediten üblich – in Zins und Tilgung, beim *Crowdinvesting* in einer Beteiligung am Unternehmensgewinn und/oder am steigenden Unternehmenswert.[50]

Kapitalsuchende sind Start-ups oder Wachstumsunternehmen, die von Bankinstituten, Venture Kapitalgebern oder Business Angels abgewiesen wurden. Für Existenzgründungen, die nicht unter die Definition Start-ups fallen, liegen die Chancen, Investoren anzuziehen, nahezu bei null. Die Investoren im Crowdinvesting sind meist keine professionellen Investoren, sondern Internetnutzer, die investieren möchten und sich mit verhältnismäßig kleinen Tranchen von zumeist wenigen hundert Euro engagieren. Die Masse *(Crowd)* des Internets löst somit die Finanzierungsprobleme von Start-ups. Die Investoren gehen zugleich ebenfalls hohe Risiken ein, die sie aufgrund der Unternehmenspräsentation nur beschränkt einschätzen können. Jedoch ist dieses Risiko auf sehr viele Investoren verteilt, sodass für den Einzelnen kein hohes Risiko zu erwarten ist. Ein wichtiger Bestandteil ihres Engagements ist zudem die Begeisterung für Produkt und Lösungen, welche die Unternehmer mit den Investoren verbindet.[51]

Im Crowdinvesting besteht für die Unternehmen eine gewisse Berichtspflicht, die vertraglich vereinbart wird. Die Beteiligung ist jedoch nicht eigenkapitalbasiert, es handelt sich um eine Mischform zwischen Fremd- und Eigenkapital-Beteiligung, das partiarische Nachrang-Darlehen.[52] Solche Darlehen gehören zur Gruppe der Mezzaninen-Finanzierungen, dem sogenannten Hybridkapital, dessen Eigenschaften zwischen stimmberechtigtem Eigenkapital und erstrangigem Fremdkapital anzusiedeln sind.[53] Rechte und Pflichten der Kapitalgeber und Kapitalnehmer werden vertraglich vereinbart. Die Investoren sind weder Gesellschafter, noch erwerben sie Anteile am Unternehmen.[54] Hierbei und bei den Mitwirkungsrechten besteht somit ein wesentlicher Unterschied zu Private Equity und Venture Capital. Abb. 2.7 zeigt den Investmentprozess aus der Sicht der Crowdinvesting-Plattformen und -Investoren.

---

[50]Vgl. Hemer et al. (2011), S. 3.

[51]Vgl. Sixt (2014), S. 129.

[52]Vgl. Schramm/Carstens (2014), S. 7.

[53]Vgl. Achleitner (o. J.), o. S.

[54]Vgl. Schramm/Carstens (2014), S. 7.

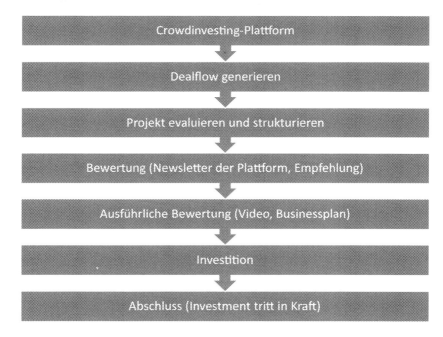

Abb. 2.7 Anforderungen von Investoren im Investmentprozess. (Quelle: Vgl. Schramm/ Carstens 2014, S. 63)

Die Anforderungen von Investmentprozessen zeigen, dass die Bewertung und Präsentation des Unternehmens bei Kapitalbedarf wesentlich erleichtert wird, wenn das Unternehmen über ein Controlling verfügt und die Zahlen nur aufbereitet werden müssen. Hierfür eignen sich insbesondere Performance Systeme, welche weit über klassische Kennziffern hinausgehen und einen klaren Überblick über die Wertschöpfung und Erfolgsfaktoren des Unternehmens geben können. Mithilfe eines Systems von Key Performance Indicators können nicht nur die Bewertung des Unternehmens, sondern auch Stärken und Schwächen glaubwürdig belegt werden.

Controlling junger Unternehmen

3

3.1 Finanzierung in unterschiedlichen Lebensphasen

Für das Lebensphasenkonzept von Start-ups und jungen Unternehmen liegen zahlreiche Systematisierungen vor, die sich jedoch sehr ähneln. In der Praxis wird häufig die Systematisierung des *Fraunhofer ISI-Institutes* verwendet. Die nicht-institutionellen Kapitalgeber ordnen Start-ups bzw. junge Unternehmen nach ihrem Reifegrad im Lebenszyklus ein.[1] Die von Venture-Capital-Gebern und Business Angels betreuten Start-ups sind häufig technologieorientierte, wissensbasierte und/oder innovative Unternehmen mit dynamischem Wachstum. In Tab. 3.1 werden der Entwicklungsstand und die Aktivitäten der Start-ups im Lebenszyklus dargestellt.[2]

Die Wachstumsphase (Emerging-Growth-Phase) ist für Unternehmen eine große Herausforderung. Auslöser sind Nachfrage und Marktdurchdringung, der Absatz boomt, Vertrieb und Produktion müssen sich ebenfalls weiterentwickeln. Der Umsatz hat eine kritische Masse erreicht, um die Anfangsinvestitionen zu amortisieren. Gleichzeitig wachsen auch die Anforderungen an das Management und organisationalen Strukturen und Prozesse. Trotz des Wachstums bestehen Risiken, dass die erforderliche Anpassung nicht gelingt oder die Innovationsfähigkeit zurückgeht. Die Gründer müssen sich in dieser Zeit zu erfahrenen, kompetenten Managern weiterentwickelt haben oder Kompetenz von außen hinzuziehen. Geschäftsfelder wie Marketing und Finanzen bzw. Controlling werden jetzt zur

---

[1]Vgl. Kulicke/Leimbach (2012), S. 20.

[2]Vgl. Kulicke/Leimbach (2012), S. 21 f.

© Springer Fachmedien Wiesbaden GmbH, ein Teil von Springer Nature 2019
S. Georg, *Key Performance Indicators für junge Unternehmen,* essentials,
https://doi.org/10.1007/978-3-658-27546-4_3

Tab. 3.1 Finanzierungschancen von Start-ups in den Phasen des Lebenskonzeptes. (Quelle: Vgl. Kulicke/Leimbach 2012, S. 21 f.)

Phase Lebenszyklus	Entwicklungsstand des Unternehmens
Seed-Phase	• Entwicklungsphase des Unternehmens, vor Eröffnung • Aktivitäten: Marktforschung, Partner- und Mitarbeitersuche, Produktentwicklung usw. • Erfolg des Unternehmens unsicher • Business Angels unterstützen als *Seed Accelerators* oder *Incubators* • VC-Geber investieren erst nach der Gründung einer Kapitalgesellschaft
Start-up-Phase	• Unternehmen nach der Gründung • Aktivitäten: Unternehmensaufbau, weitere Forschung und Entwicklung, Produktion, Aufbau Vertrieb, Markteinführung • Geldquellen eher öffentliches Gründungskapital; institutionelle und nicht-institutionelle Kapitalgeber investieren seltener bei Geschäftsmodellen mit überdurchschnittlichen Renditeerwartungen und gut einschätzbaren Risiken • Business Angels leisten Hilfestellung bei Managementaufgaben, Investitionen nur eingeschränkt
First Stage	• Phase zwischen Gründung und Beginn der Wachstumsphase • Aktivitäten: volle Produktion und breite Markteinführung, Aufbau Mitarbeiter, schnelle Steigerung des Absatzes, Komplettierung des Leistungsangebotes, Kooperationen • Fremdkapital trotz erster Markterfolge weiterhin nur gegen Sicherheiten möglich
Second Stage, auch Later Stage	• Beginn der Wachstumsphase und Expansion • Aktivitäten: Marktdurchdringung, Internationalisierung, Produkterweiterungen, Mitarbeiteraufstockung, Stabilisierung der Organisationsstrukturen, Erschließung neuer Geschäftsfelder und Märkte • Geldgeber erwarten, dass jetzt der Break-Even erreicht und Innenfinanzierung möglich ist. Unter diesen Bedingungen ist die Wachstumsphase der Startpunkt für VC-Geber, um Beteiligungskapital (Private Equity) zu investieren. Auch Fremdkapitalgeber stehen bereit, wenn Risiken gut einzuschätzen sind. Darüber hinaus kommen häufig öffentliche Förderprogramme zur Anwendung
Third Stage	• Stabilisierung, Etablierung, auch international, Wachstum aller Unternehmensbereiche • Finanzierungsbedingungen wie Second Stage, selbst attraktiv für strategische Investoren

Pflicht, um das Wachstum steuern und die richtigen strategischen Entscheidungen treffen zu können.[3]

Je größer das Wachstumspotenzial eines Unternehmens ist, desto interessanter ist es für VC-Investoren und Private Equity.[4] Insbesondere wenn Aussicht auf einen Börsengang besteht, sind das Wachstums- und damit das Renditepotenzial für Investoren von erheblicher Bedeutung. Vielversprechende *High Flyer* werden bereits in der Bridgephase in eine Aktiengesellschaft umgewandelt und der Börsengang vorbereitet (Pre-IPO). Die Investoren finanzieren auch den Ausbau der Produktion oder Dienstleistungen sowie die Ausweitung des Vertriebssystems. Beschleunigte Diversifikation ist eine notwendige Strategie, um anderen Wettbewerbern nicht die Gelegenheit zu bieten, das erfolgreiche Produkt nachzuahmen.[5]

Durch den Erwerb von Gesellschaftsanteilen der Start-ups sind Private Equity- und VC-Investoren am Unternehmen beteiligt. Da sie Beteiligung mit Fremdkapital finanzieren, sind sie auf einen hohen Ertrag angewiesen, um nicht nur das Kapital mit Zinsen zurückzuzahlen, Insolvenzen auszugleichen und auf Dauer insgesamt an den Investments gut zu verdienen. Die Beteiligungen sind mit umfassenden Mitsprache- und Kontrollrechten verbunden, durch welche die Investoren nicht nur die strategischen Entscheidungen, sondern auch operative Prozesse beeinflussen können.[6] Tab. 3.2 listet die wichtigsten Unterschiede von Venture Capital- und Private Equity-Anteilen auf.

Zielsetzung von Beteiligungen ist grundsätzlich eine Rendite, welche höher ist als das übernommene Risiko der Investition und der Verkauf von Geschäftsanteilen, des Unternehmens oder der Börsengang.[7] Die Darstellung ist idealtypisch, in der Praxis erfolgt die Abgrenzung der beiden Investitionsformen häufig nicht so streng. Tendenziell unterscheiden sich die Formen dahingehend, dass Private Equity-Investoren den Schwerpunkt auf die Beteiligung legen. Sie wollen das Unternehmen langfristig begleiten und es dabei unterstützen, zu wachsen und zu expandieren. VC-Geber gehen dagegen ein höheres Risiko ein und

---

[3]Vgl. Hahn (2014), S. 199 f.

[4]Private Equity bedeutet privates Risiko-Beteiligungskapital. Privat bedeutet hier, dass das Kapital nicht aus institutionellen Quellen kommt, sondern von Unternehmen oder privaten Personen zur Verfügung gestellt wird (Hahn (2014), S. 203).

[5]Vgl. Hahn (2014), S. 200 f.

[6]Vgl. Ellenberger/Haghani (2008), S. 27, 29.

[7]Vgl. Pott/Pott (2012), S. 249.

Tab. 3.2 Abgrenzung von Venture Capital und Private Equity. (Quelle: Vgl. Hahn 2014, S. 203)

Merkmale	Venture Capital	Private Equity
Investitionsvolumen	Mittel	Hoch
Kapitalstruktur	Eigenkapital	Eigen- und Fremdkapital
Reifephase im Lebenszyklus	Start-ups, junge und innovative Wachstumsunternehmen im High-Tech-/IT-Sektor	Etablierte Start-ups, mittel-ständische Unternehmen
Investitionsphase	Early Stage/(Pre)-Seed- und Start-up-Phase	Expansion Stage, Emerging Growth-Phase, Later Stages
Dauer der Investition	Ca. 3 bis 7 Jahre	Ca. 3 bis 5 Jahre
Risikobereitschaft der Investoren	Sehr hoch	Mittel
Due Diligence Anforderungen	Mittel (= kursorische Unter-nehmensdarstellung)	Hoch (= umfassende Unter-nehmensdarstellung)
Höhe der Beteiligung	Minderheitsbeteiligung (10 bis 25 %)	Mehrheitsbeteiligung (über 50 %)
Mitwirkungsrechte	Strategisch und direkte Einfluss-nahme auf das operative Geschäft	Strategisch und direkte Einflussnahme auf das operative Geschäft
Exit	Börsengang (IPO), Verkauf der Geschäftsanteile oder des Unternehmens	

wollen eine dementsprechend höhere Rendite über einen Börsengang (IPO) oder eine Veräußerung (Exit) in einem von Anfang an definierten Zeitraum erreichen.[8]

3.2   Anforderungen an das Controlling

Bisher existiert kaum Literatur für Start-ups mit praxistauglichen Anleitungen zum Aufbau eines Controllings mit Key Performance Indicators auf Basis kritischer Erfolgsfaktoren. Erschwerend kommt hinzu, dass sich die Anforderungen der einzelnen Unternehmen unterscheiden. Organisatorisch wird Controlling grundsätzlich zur „Chefsache" erklärt. Während in größeren Unternehmen

---

[8]Vgl. Hahn (2014), S. 203.

Tab. 3.3 Anforderungen an das Controlling. (Quelle: Vgl. Diehm 2017, S. 27)

Anforderung: Das Controlling muss …	Erklärung
Flexibel und anpassungsfähig sein	Die Dynamik und Flexibilität innovativer Unternehmen darf nicht gebremst werden
Risikomanagement und Frühwarnsystem beinhalten	Chancen und Risiken sind ständig zu überwachen
Auf den oder die Gründer ausgerichtet sein	Das System muss den Kenntnisstand der Gründer berücksichtigen und trotzdem nicht an Aussagekraft verlieren
Über einfache und reduzierte Instrumente verfügen	Controlling darf die Ressourcen nicht unverhältnismäßig belasten
Über standardisierte, klar zu interpretierende Instrumente verfügen	Controlling muss sich als Entscheidungsgrundlage eignen, um Unerfahrenheit auszugleichen und intuitiven Entscheidungen entgegenzuwirken
Mit den Controlling-Anforderungen der Kapitalgeber übereinstimmen	Abstimmung mit den Reporting- und Controlling Anforderungen der Kapitalgeber, um Verhandlungen zu beschleunigen und erleichtern
Das Controlling immaterieller Werte berücksichtigen	Controlling muss Investitionen in immaterielle Werte wie zum Beispiel die Mitarbeiterzufriedenheit überwachen

Controlling meist als Stabstelle organisiert ist, die direkt an die Geschäftsleitung berichtet, müssen sich in jungen Unternehmen die für die Finanzen zuständigen Gründer selbst um das Controlling kümmern.[9]

Die Anforderungen an das Controlling sind in den Unternehmensphasen sehr unterschiedlich (Tab. 3.3). Im Wesentlichen sollen in den nächsten Abschnitten zwischen dem Controlling der Startphase und dem Controlling des Wachstumsunternehmens unterschieden werden.

In der Gründungsphase ist die Arbeitszeit der Gründer dadurch geprägt, das Produkt (weiter) zu entwickeln und optimal an die Kundenbedürfnisse anzupassen sowie die Märkte für das Produkt zu bereiten und die Umsätze nach vorne zu treiben. In dieser Anfangsphase steht die Sicherstellung der Liquidität im Vordergrund, während die Gewinnmaximierung noch weniger bedeutend ist.

---

[9]Vgl. Diehm (2017), S. 2.

Wie bereits erörtert, müssen in dieser Phase zudem die formalen und organisatorischen Strukturen im Unternehmen geschaffen und laufend optimiert werden, was ebenfalls die personellen Ressourcen stark beansprucht. In der Wachstumsphase bleiben die Anforderungen der Gründungsphase weiter bestehen und müssen stetig verbessert und angepasst werden. Nach Erreichen der Gewinnschwelle wird die Profitabilität zunehmend wichtig.[10]

Auch wenn der Businessplan für externe Zwecke erstellt wurde, enthält er doch sowohl strategische als auch operative Elemente, die für die Bildung der Key Performance Indicators hilfreich sind. Eine wichtige Funktion des Businessplans war auch, die eher intuitiven Vorstellungen der Gründer aus einer Gesamtperspektive und die Wechselwirkungen zu betrachten und die Variablen der Planung zu quantifizieren. Da bereits die erste Version vorhanden ist und die Gründer sich intensiv mit der Erstellung des Plans auseinandergesetzt und gute Kenntnisse über die Zusammenhänge haben, kann der Businessplan mit seiner strategischen Planung, den operativen Teilplänen und der aggregierten Finanzplanung ohne großen Aufwand weitergeführt und immer wieder an die Entwicklung des Unternehmens angepasst werden.[11]

Auch die Zahlen der Buchführung liefern Informationsgrundlagen mit aussagekräftigen Daten für Kennzahlen zur Unternehmenssteuerung. Mit der Zeit kann daraus ein effizientes Kostenrechnungssystem mit Kostenstellen- und Kostenträgerrechnung entwickelt werden, das mithilfe von Kennzahlen die Entscheidungen in Bezug auf Unternehmensentwicklung und -steuerung unterstützt. In der Wachstumsphase kann dann als Controlling-Grundlage nach und nach ein management- und controllingorientiertes Rechnungswesen entstehen, zu dem auch ein effizientes Kostenrechnungssystem gehört.[12]

Ein weiterer Informationslieferant sind soziale Netzwerke, die Kunden- und Marktdaten liefern. Sie ermöglichen es selbst jungen Unternehmen, Kundendaten und Kundenbewertungen über deren Blogs, Webseiten, Newsletter und Social-Media-Präsenzen einzuholen sowie den Kontakt zu ihren Kunden zu pflegen. Um die Kundendaten effizient auswerten und nutzen zu können, sind CRM-Systeme nützlich. CRM-Systeme sind durch die Veränderungen von Social Media zu kollaborativen Systemen geworden und deren Nutzung führt zu besseren Markt- und Kundenergebnissen. Die Kundenanforderungen werden zielorientierter

---

[10]Vgl. Diehm (2017), S. 26 f.

[11]Vgl. Diehm (2017), S. 29.

[12]Vgl. Diehm (2017), S. 29; Georg (2018b), S. 5 ff.

und können die Unternehmen dabei unterstützen, auf positive wie negative Veränderungen und Ereignissen schnell und zielgerichtet zu reagieren.[13] Studien zeigen, dass Verkaufsperformance, Effektivität, Zusammenarbeit und Kundenbeziehungen als kritische Erfolgsfaktoren durch CRM-Systeme entscheidend optimiert werden.[14]

Das Kundenverhalten hat sich durch die Digitalisierung, insbesondere durch die Kommunikation in Social Media, erheblich geändert. Kaufentscheidungsprozesse durchlaufen nicht mehr linear mehrere Phasen, sondern die *Customer Journey* findet laufend statt, weil sich der Kunde im Internet zu jeder Zeit und an jedem Ort jegliche gewünschte bzw. benötigte Information einholen kann.[15] Er kann sich in sozialen Medien, auf Bewertungs- oder Diskussionsplattformen über Produkte informieren und zudem mit anderen Kunden darüber austauschen. Die traditionelle Werbung hat deshalb ihre Wirkung verloren, die Kunden vertrauen eher auf Bewertungen und Erfahrungen anderer Kunden als auf die vom Hersteller kommunizierten Werbeversprechen.[16] Diese Kundenkommunikation können sich Unternehmen zunutze machen.[17]

3.3   Controlling als Frühwarnsystem

Da sich junge Unternehmen vor allem auf Entwicklung und Zielerreichung konzentrieren, werden Risiken meist erst dann wahrgenommen, wenn sie bereits eingetreten sind und nicht mehr gesteuert werden können.[18] In der Definition von Diederichs werden die Aufgaben des Risikomanagements zusammengefasst: „Das Risikomanagement als ein immanenter Bestandteil der Unternehmensführung stellt die Gesamtheit der organisatorischen Maßnahmen und Prozesse dar, die auf die Identifikation, Beurteilung, Steuerung und Überwachung von Risiken abzielen und eine Gestaltung der Risikolage ermöglichen."[19] Das Bewusstsein für die Bedeutung des Risikomanagements muss unternehmensweit geschaffen und weiterentwickelt sowie organisatorisch eingebunden werden.

---

[13]Vgl. Ingram/LaForge/Leigh (2012), S. 559.

[14]Vgl. Rodriguez/Honeycutt (2011), S. 335.

[15]Vgl. Accenture (2014), S. 3–5.

[16]Vgl. Mangold/Faulds (2009), S. 359 f.

[17]Vgl. Müge/Georg (2018), S. 25 ff.

[18]Vgl. Gladen (2014), S. 318.

[19]Diederichs (2017), S. 13.

Dabei geht es nicht darum, Risiken aus dem Weg zu gehen und Chancen zu verpassen, sondern um das „bewusste und kontrollierte Eingehen von Risiken"[20], um Chancen ohne Gefährdung nutzen zu können.[21] Insbesondere für junge Unternehmen ist entscheidend, dass Risiken so früh wie möglich abgewendet werden, wenn die Handlungskosten noch gering sind.[22] Risikofaktoren werden meist durch quantitative Kennzahlen dargestellt. Ereignisse können jedoch nicht quantitativ gemessen werden, sodass qualitative Indikatoren bestimmt werden müssen.[23]

Unabhängig davon, welches Performance Measurement-System zur Messung der kritischen Erfolgsfaktoren zum Einsatz kommt, sind nach Kühnapfel für Frühwarnsysteme fünf Kriterien zu analysieren (Tab. 3.4):[24]

- *Trends und Ereignisse:* Krisen können im gesamten politischen, ökonomischen, sozialen und technologischen Umfeld des Unternehmens entstehen und Auswirkungen auf den Unternehmenserfolg haben. Im Unternehmen entsteht die Krise erst, wenn die finanzielle Sicherheit gefährdet ist, Unternehmenswerte vernichtet werden und der Ertrag geschwächt wird. Ist das Eigenkapital zu niedrig, kann kein Risikopuffer genutzt werden. Am deutlichsten zeigen sich Krisen in der Liquidität und sobald sich das Rating so verschlechtert, dass der Kapitalbedarf nicht mehr gedeckt werden kann. Für Trends und Ereignisse werden Zielerreichung und ein Mindest-Erfüllungsgrad festgelegt, sodass Intervalle oder Werte gemessen werden können, die den Trendverlauf beschreiben.[25]
- *Zeithorizont:* Der Zeithorizont signalisiert einen angemessenen zeitlichen Vorlauf zwischen dem ersten Signal und dem wahrscheinlichen Zeitpunkt des Eintretens des Risikos. Bei einem langen Vorlauf ist die Unsicherheit des Eintritts wesentlich größer; bei einem zu kurzen Vorlauf besteht die Gefahr, dass nicht mehr ausreichend gegengesteuert werden kann. Deshalb ist sorgfältig abzuwägen, welche Zeitpunkte geeignet sind, um sowohl sicher gegensteuern zu können als auch um effiziente Maßnahmen durchzuführen. Wesentliches Kriterium für die Festlegung des Zeithorizonts ist der Zeitraum, welcher für

---

[20]Diederichs (2017), S. 11.

[21]Vgl. Diederichs (2017), S. 11 f.

[22]Vgl. Kühnapfel (2017), S. 67.

[23]Vgl. Kühnapfel (2017), S. 67.

[24]Vgl. Kühnapfel (2017), S. 67.

[25]Vgl. Kühnapfel (2017), S. 67–69.

Tab. 3.4 Beispiele für Frühwarnkennziffern, Objekte und Indikatoren. (Quelle: Vgl. Kühnapfel 2017, S. 68)

Systembezug	Aufgabe: Erkennen von	Betrachtungsobjekt	Messgröße/Indikator
Frühwarnkennziffern auf Basis unternehmensinterner Daten			
Vertriebs-prozesse	Verschlechterung von kostenbestimmenden Prozessen, mangelhafte Aufgabenerfüllung	Vertrieb und vertriebsnahe Funktionen wie Service, Marketing usw	Verkaufseffizienz (Besuche pro Auftrag), Dauer der Neukundengewinnung oder Angebotserstellung
Produkte, Nachfrage	Verschlechterung der Nachfrage	Produkte, Lebenszyklen von Kunden und Produkten	Absatz, Preise, Stückdeckungsbeitrag, Zusatzleistungen
Frühwarnkennziffern auf Basis interner und externer Daten			
Kunden	Veränderungen des Konsumverhaltens	Kunden, Zielgruppe, Einkaufskanäle, Indikatormärkte, Pioniermärkte	Einkaufs- und Beschaffungsverhalten, Online versus Ladengeschäft
Substitutions-güter	Markteintritt neuer Unternehmen mit alternativen Produkten	Substitutionsgefährdete Produkte	Umsätze, Absatz, Anzahl von Käufen/Wiederkäufen
Marktumfeld	Veränderungen von nicht-ökonomischen Marktbedingungen	Gesetze, Forschungsergebnisse, Regulierungsbehörden	Gesetzesvorlage, politische Tendenzen, Beschaffungsgrenzen

Entscheidungen, Gegenmaßnahmen und Nachkorrekturen benötigt wird. Sind Produktinnovationen erforderlich, kann der notwendige Zeithorizont länger als ein Jahr sein, bei der Erschließung neuer Märkte Monate.[26]

- *Messgrößen bzw. Indikatoren:* Um Messgrößen als Frühwarnsignale zu nutzen, müssen als Indikatoren Schwellenwerte definiert werden, die das Eintreffen des Risikos darstellen. In Bezug auf den Umsatz können zum Beispiel Mindestziele bestimmt werden. Sobald sie unterschritten werden, erfolgt ein Warnsignal, das bereits vorgesehene Maßnahmen in Gang setzt. Frühwarnsysteme sind jedoch nur zuverlässig, wenn die eingegebenen Inputs realistisch sind.[27] An diesem Punkt besteht jedoch häufig das Dilemma, die Messgrößen einfach zu lassen oder die Wirklichkeit komplexer abzubilden und einen ungerechtfertigten Aufwand zu betreiben. Bei wichtigen Frühwarnindikatoren wie Umsatz/Kosten, Liquidität/Eigenkapital, Kunden/Mitarbeiter und Trends/Finanzmärkte sollte deshalb die Komplexität reduziert werden, indem die Veränderungen aus mehreren Perspektiven gemessen werden. Solche Perspektiven können Zeitvergleich, Benchmarking, Potenzialrating oder Katastrophenszenarien an.[28] Zeigen sich erste Zeichen einer Krise, könnte eine negative Entwicklung vorliegen. Unter der Perspektive Benchmarking lassen sich Ursachen identifizieren. Um zu überprüfen, ob die Entwicklung noch den Anforderungen von Eigen- und Fremdkapitalgebern entspricht, können Potenzialratings durchgeführt werden.[29]
- *Eintrittswahrscheinlichkeit und Risikobewertung:* Die Gültigkeit der Risikobewertung und damit auch des Frühwarnsystems hängt entscheidend von der richtigen Einschätzung der Eintrittswahrscheinlich ab. Eine Eintrittswahrscheinlichkeit von 100 % ist mit der Vernichtung des Unternehmens gleichzusetzen. Wird das Risikopotenzial, das Maß für den Wirkungsgrad des befürchteten Trends oder Ereignisses, mit der Eintrittswahrscheinlichkeit multipliziert, kann die Schnelligkeit und das Ausmaß des Risikos besser eingeschätzt und gegengesteuert werden.[30]
- *Maßnahmen bei Frühwarnsignalen:* Bei Frühwarnsystemen werden je nach Warnstufe alarmierende und initiierende Systeme unterschieden. Alarm erfolgt, wenn der definierte Grenzwert erreicht wird. Initiierende Frühwarnsysteme

---

[26]Vgl. Kühnapfel (2017), S. 69.

[27]Vgl. Kühnapfel (2017), S. 70.

[28]Vgl. Brokmann/Weinrich (2012), S. 21.

[29]Vgl. Brokmann(Weinrich (2012), S. 20.

[30]Vgl. Kühnapfel (2017), S. 70 f.

werden bei Indikatoren mit einem erhöhten Risiko eingesetzt und verfügen über ein integriertes Notmaßnahmenprogramm. Die „Schubladenpläne"[31] umfassen die Vorgehensweise, das Standardprotokoll, vorbereitete Maßnahmen sowie eine Listung der Ressourcen und verantwortlichen Personen.[32]

Frühwarnsysteme dürfen keinesfalls außer Acht gelassen werden, sondern sind fest in alle Unternehmensstrategien zu integrieren. Insbesondere in der Analysephase der Strategieimplementierung und in der Test- und Anpassungsphase der Strategieumsetzung ist dies von Bedeutung. So können beispielsweise im Rahmen der strategischen Analyse Risiken durch eine SWOT[33]-Analyse identifiziert werden und in der Testphase Strategietests durchgeführt werden. Dadurch können Gefährdungspotenziale früh entdeckt und die notwendigen Maßnahmen zur Gegensteuerung geplant und vorbereitet werden.[34]

Im Krisenfall müssen Unternehmen schnell handeln können; für eine umfassende Klärung aller Begleitumstände bleibt dann häufig keine Zeit mehr. Eine hohe Genauigkeit entspricht zwar dem Ideal, weil schnelle Reaktionen und Maßnahmen am besten wirken, doch die Forschung kann die Praxisanforderungen noch nicht zufriedenstellen. Systeme wie die Balanced Scorecard werden in der Praxis komplexeren Systemen vorgezogen, da sie einfacher zu handhaben sind und das Unternehmen mit ihrer Hilfe in der Lage ist, Veränderungen schnell zu erkennen und somit schnell zu reagieren.[35]

---

[31]Brokmann/Weinrich (2012), S. 21.

[32]Vgl. Kühnapfel (2017), S. 70 f.

[33]SWOT = Strengthes (Stärken), Weaknesses (Schwächen), Opportunities (Chancen), Threats (Risiken).

[34]Vgl. Brokmann/Weinrich (2012), S. 22.

[35]Vgl. Bornhorn (2012), S. 47 f.; Brokmann/Weinrich (2012), S. 38.

Kritische Erfolgsfaktoren und Key Performance Indicators

4

In der Literatur wird darauf hingewiesen, dass jedes junge Unternehmen individuelle Erfolgsfaktoren hat und es deshalb keine allgemeingültigen Anleitungen gibt. Klassische Controllingsysteme können zwar genutzt werden, letztlich muss jedoch jedes Unternehmen inhaltlich sein eigenes System finden. Die Planung in dieser frühen Phase der Unternehmensgeschichte ist überwiegend kurz- oder mittelfristig, und es besteht eine hohe Unsicherheit. Bis einschließlich der Wachstumsphase sind die Prozesse des jungen Unternehmens sehr dynamisch. Erst wenn das Unternehmensmodell tragfähig ist, ergibt es Sinn, ein flexibles Controllingsystem auf Basis kritischer Erfolgsfaktoren zu gestalten.[1]

4.1 Frühphase

In der Frühphase existieren zunächst nur die Geschäftsidee und eventuelle Prototypen des Produktes oder Pläne. Im Idealfall bringt das Gründerteam für alle wichtigen Funktionen die notwendigen Kompetenzen (Technologie, Marketing/ Vertrieb und Finanzen/Management) mit sich. Im Regelfall muss der Gründer oder das Team jedoch Aufgaben übernehmen, für die sie weder ausgebildet sind, noch Erfahrungen haben. Geschäftsmodelle und Produkte werden erst ausprobiert oder auch mehrere Versionen getestet.[2] Tab. 4.1 zeigt die Anforderungen der Frühphase und einen geeigneten KPI.

Der zu erreichende Meilenstein ist ein funktionierendes Geschäftsmodell und ein marktreifes Produkt. Um diesen Meilenstein zu erreichen, müssen geeignete

---

[1]Vgl. Lüdtke (2017), S. 34–35.
[2]Vgl. Lüdtke (2017), 35–37.

© Springer Fachmedien Wiesbaden GmbH, ein Teil von Springer Nature 2019
S. Georg, *Key Performance Indicators für junge Unternehmen,* essentials,
https://doi.org/10.1007/978-3-658-27546-4_4

Tab. 4.1 Zielsetzungen und KPIs in der Frühphase. (Quelle: Vgl. Lüdtke 2017, S. 36)

Meilenstein	Funktionierendes Geschäftsmodell Markteintritt
Erfolgsfaktoren	Geschäftsidee mit den vorhandenen Ressourcen möglichst effizient und früh validieren
KPI	Cash Runway

Ressourcen eingesetzt werden, welche das Geschäftsmodell validieren. Dies geht jedoch nur, solange Kapital vorhanden ist. Ist es verbraucht, können auch keine Aktivitäten mehr stattfinden. Auf diese Weise sind Kennzahlen zu definieren, die zur Zielerreichung passen.

In Tab. 4.1 wurde der *Cash Runway* gewählt – eine Kennziffer für die Geschwindigkeit, mit der die finanziellen Mittel aufgebraucht werden. In Bezug auf die finanziellen Ressourcen des Unternehmens lebt das zukünftige Unternehmen von Ersparnissen und privat geliehenem Kapital, das in absehbarer Zeit aufgebraucht sein wird. Aus diesem Grund müssen Investoren gewonnen werden, welche spätestens ab diesem Zeitpunkt Kapital investieren. Im Wesentlichen entscheidet die Überzeugungskraft der Produkt- bzw. Unternehmenspräsentation, ob bzw. wie Investoren und Testkunden für das Produkt zu begeistern sind. Scheitert die Finanzierung oder findet das Produkt keine Akzeptanz, scheitert auch das Start-up, wenn die Optimierung des Produktnutzens keine Änderung bringt. Forschung und Entwicklung kann erst weiter betrieben werden, wenn durch die Investoren Mittel zur Verfügung gestellt werden.[3]

Hauptziel in der nachfolgenden Seed-Phase ist es, mit dem Geschäftsmodell und dem Produkt auf dem Markt erfolgreich zu sein und schnelle Umsatzsteigerungen zu generieren. Um diese Entwicklung nachzuverfolgen und vor allem auch für Investoren nachvollziehbar zu gestalten, werden KPIs benötigt, welche das Geschäftsmodell nicht nur darstellen, sondern auch steuern können. Wichtig ist, dass sie nutzerorientiert sind und das Verhalten der Kunden oder die Effekte ihres Verhaltens aufzeigen. Beispiele sind die Höhe der *Werbekosten pro Neukunde,* die *Frequenz von Wiederholungskäufen* oder die *Kündigungsquote.* Wenn sich zum Beispiel die bisherigen Marketing-Maßnahmen als nicht effektiv erweisen, müssen andere Vertriebskanäle ausprobiert und kombiniert werden. Da sich der Erfolg leicht messen lässt und die Kosten hierfür niedrig sind, eignet sich Online- und Facebook-Marketing gut für junge Unternehmen. Bei Bedarf können

---

[3]Vgl. Lüdtke (2017), S. 35–37.

Tab. 4.2 KPIs in der Seed-Phase. (Quelle: Vgl. Lüdtke 2017, S. 36)

Meilenstein	Optimierungsphase Erarbeitung eines Pitch-Decks zur Gewinnung erster externer Investoren
Erfolgsfaktoren	Validierung des Geschäftsmodells Demonstration einer weiteren Skalierungsfähigkeit
KPI	Cash Runway Erste operative KPIs (z. B. Conversion Rate, Kosten der Kundengewinnung, Produktnutzung, Retention)

anschließend weitere klassische Werbemaßnahmen ergänzt werden. Bevor KPIs als Steuerungsinstrument eingesetzt werden können, sind sie jedoch zuerst auf ihren Beitrag zur Wertschöpfung oder zum Risikomanagement zu prüfen.[4]

Die Seed-Phase ist eine Optimierungsphase, in welcher das Geschäftsmodell weiterentwickelt und für die Marktreife vorbereitet wird (Tab. 4.2). In dieser Phase wird weiterhin nach Investoren gesucht, welche jetzt oder später weitere Finanzierungen übernehmen. Die Seed-Phase endet, wenn das Produkt für die Anforderungen des Marktes perfekt passend gestaltet ist (Produkt-Markt-Fit).

Bei Produkten, die eine längere Entwicklungsphase durchlaufen, werden bereits vor der Gründung Mitarbeiter benötigt, um die Arbeit effizient verteilen zu können. Besteht das Gründerteam beispielsweise aus Softwareentwicklern, werden Mitarbeiter für Produkt-Management, IT-Entwicklung oder Marketing/Vertrieb gebraucht, welche das Verkaufspotenzial optimieren können. Für die Seed-Phase gibt es spezielle Frühphasen-Venture-Capital-Fonds oder auf diese Phase spezialisierte Business Angels.[5]

Finanzielle Kennzahlen sind in dieser Phase noch uninteressant. Alle Ressourcen gehen in die Entwicklung des Produktes und in die Marktreife der Geschäftsidee. Das operative Controlling ist in dieser Phase unverzichtbar, da potenzielle Investoren einen Überblick über operative KPIs haben möchten. In den sogenannten *Pitch-Präsentationen* müssen die KPIs aggregiert und vollständig ausgewertet präsentiert werden. Die Präsentation muss die potenziellen Geldgeber nicht nur mittels Fakten überzeugen, sondern auch emotional ansprechen. Deshalb sollten sich die Kennziffern vor allem auf den Kern der Geschäftsidee konzentrieren.[6]

---

[4]Vgl. Lüdtke (2017), S. 35.
[5]Vgl. Lüdtke (2017), S. 37 f.
[6]Vgl. Lüdtke (2017), S. 38.

Tab. 4.3 KPIs in der Wachstumsphase. (Quelle: Lüdtke 2017, S. 36)

Meilenstein	Substanzieller Ausbau der Vertriebsaktivitäten Aufbau der Organisation, weiterer aggressiver Ausbau des Vertriebs Häufig (weitere) Internationalisierung des Geschäfts
Zielsetzung	Nachweis der Ausbaufähigkeit des Geschäftsmodells Nachweis der Internationalisierungsfähigkeit des Geschäftsmodells
KPI	Optimierung der operativen KPIs Übertragung und Anpassung der operativen KPIs an lokale Märkte

4.2 Wachstumsphase

Die Wachstums-Phase ist ein möglicher Zeitpunkt für die Implementierung von Controlling-Kennziffern oder Systemen. Die Anforderungen in Unternehmen mit hohem Wachstumspotenzial und hoher Risikoposition sind jedoch wesentlich höher als die Anforderungen in Unternehmen mit durchschnittlichen Perspektiven. Für den chronologischen Beginn der Wachstumsphase gibt es keine Regel; vom Startpunkt der Gründung bis zum Beginn der Wachstumsphase (Start-up und First Stage) bestehen keine besonderen Anforderungen. Diese Phasen bilden den Übergang von der Seed- zur Wachstumsphase. Als Zeitraum von der Gründung des Unternehmens bis hin zur abgeschlossenen Wachstumsphase werden ein bis zwei Jahre angenommen, in denen sich die organisationalen Strukturen aufbauen und Budgets im ein- bis zweistelligen Millionen-Euro-Bereich investiert werden. An diesem Punkt sollte das Controlling professionalisiert werden, das heißt, die erforderliche Controlling-Kompetenz ist intern zu entwickeln oder extern zuzukaufen. Aufgabe des Controllings in dieser Phase ist es, das Unternehmen wirtschaftlich zu steuern und die Kommunikation mit den Investoren mit aussagekräftigen Kennzahlen zu unterstützen. Zu diesem Zeitpunkt kommen auch Kennzahlen zur operativen Leistungsoptimierung (Kritischer Erfolgsfaktor) hinzu.[7]

Der Aufbau zieht sich durch die organisationalen Strukturen und die Aktivitäten. Gleichzeitig werden die bereits bestehenden Strukturen und Aktivitäten optimiert und validiert. Die Wachstumsphase ist geeignet, um nach und nach operative KPIs einzuführen und anschließend an die Märkte anzupassen (Tab. 4.3).

---

[7]Lüdtke (2017). S. 39.

4.3 Gründungsphase

In der Gründungsphase dominiert die kulturelle Kontrolle. Meist funktioniert sie in Start-ups, da sich die Gründer und ihre Partner untereinander kennen und dieselben Werte und Ziele teilen.[8] Schwieriger ist es, bei allen Herausforderungen die Motivation der Mitarbeiter aufrechtzuerhalten. Wegen der Ressourcenknappheit in Start-ups sind finanzielle Anreize für Mitarbeiter meist nicht möglich. Deshalb sind zur Aufrechterhaltung der Motivation auf eine wertschätzende und offene Firmenkultur, gemeinsame Zielsetzungen und die Förderung des Wir-Gefühls zu achten. Eine Möglichkeit des Anreizes ist auch, Firmenanteile an die Mitarbeiter auszugeben. Das gesamte Unternehmen ist auf die erfolgreiche Entwicklung des Produkts (kritischer Erfolgsfaktor) fokussiert und muss flexibel auf die Anforderungen des Marktes reagieren. Technische Probleme können meist mit geringen finanziellen Mitteln gelöst werden. Die Formalisierung von Strukturen hat sich deshalb in dieser Phase eher als hinderlich erwiesen.[9]

Viele Investoren verlangen zwar die Erstellung von Businessplänen und die Festlegung von Meilensteinen. Andererseits ist sowohl aus der Unternehmenspraxis bekannt als auch in Studien nachgewiesen, dass Businesspläne – insbesondere die mehrjährige Planung – nur wenig der Realität entsprechen. Bei der dynamischen und unsicheren Entwicklung eines Start-ups können keine zuverlässigen Aussagen über mehrere Jahre getroffen werden.[10] Es wird dann in der Praxis derart vorgegangen, dass lediglich grobe Entwicklungsziele in Bezug auf Funktionalität und Qualität festgelegt werden und anschließend deren Umsetzung durch strukturierte Tests verfolgt wird.[11]

4.4 Markteintrittsphase

Da der Markterfolg kaum einzuschätzen ist, erschwert die hohe Unsicherheit eine effiziente Planung. Aus diesem Grund werden meist nur die wichtigsten Meilensteine festgelegt, so zum Beispiel das Kunden-Feedback im Hinblick auf

---

[8]Vgl. Strauss/Nevries/Weber (2013), S. 165.

[9]Vgl. Lycko/Mahlendorf (2017), S. 27–28.

[10]Vgl. Strauss/Nevries/Weber (2013), S. 165 f.

[11]Vgl. Lycko/Mahlendorf (2017), S. 27.

Kundenakquise und die Produktoptimierungen.[12] Die ersten Kunden eines Unternehmens unterscheiden sich auch von Kunden, welche vorwiegend bewährte und erprobte Produkte kaufen. Sie stellen den Kundentyp der „Trendsetter" dar, welche den Gründern ähnlich sind und bewusst oder unbewusst neuartige und sogar ungetestete Produkte kaufen. Sie suchen nach etwas Neuem und sind bereit, Risiken zu übernehmen.[13] Das Wohlwollen dieser Kunden stellt einen kritischen Erfolgsfaktor dar. Maßnahmen wie die Standardisierung von Verkaufsprozessen oder der Einsatz von CRM[14]-Systemen sind in diesem Stadium deshalb hinderlich. Die geringe Anzahl der Kunden am Anfang sollte ohne formale administrative Kontrolle betreut werden.[15]

4.5   Stabilisierungsphase

In der Stabilisierungsphase ist die Validierung der technischen und wirtschaftlichen Realisierbarkeit des Start-ups weitgehend abgeschlossen. Die jetzige Phase bietet den notwendigen Freiraum, um Prozesse zu optimieren und Probleme zu lösen. Dafür sind Kompetenzen und zeitliche Ressourcen erforderlich, die die Einstellung neuer Mitarbeiter nach sich ziehen, die das Gründerteam als Spezialisten ergänzen und Kontrollstrukturen sowie neue Prozesse einführen. Jetzt ist auch der Zeitpunkt, die Normen und Werte des Unternehmens zu formalisieren. Mission, Vision und Werte sind mit den Mitarbeitern zu kommunizieren und zu leben. Um die richtigen Mitarbeiter zu finden, sind die Rekrutierungsprozesse und Anforderungsprofile zu formalisieren, mit dem Ziel, Redundanzen und unklare Verantwortlichkeiten zu vermeiden. Weitere Formalisierungsstrukturen sind Genehmigungsprozesse für Betriebsausgaben und Anlageinvestitionen sowie regelmäßige Umweltanalysen. Dabei können zum Beispiel die *Wettbewerbspositionierung* und das *Konkurrenzverhalten* als kritische Erfolgsfaktoren regelmäßig analysiert werden, um potenzielle Gefahren für das eigene Geschäftsmodell rechtzeitig zu erkennen. Die Stabilisierungsphase ist zudem für die Einführung eines klassischen Finanzcontrolling-Systems geeignet.[16]

---

[12]Vgl. Davila/Foster 2007, S. 914 f., 934.

[13]Vgl. Strauss/Nevries/Weber (2013), S. 170.

[14]CRM = Customer Relationship Management.

[15]Vgl. Lycko/Mahlendorf (2017), S. 27–28.

[16]Vgl. Lycko/Mahlendorf (2017). S. 28 f.

4.6   Wachstumsausrichtungsphase

In dieser Phase werden die Ressourcen für das geplante Wachstum gesammelt und aufgebaut. Mithilfe der neuen Kompetenz im Unternehmen kann nun das Geschäftsmodell skaliert werden. Dazu brauchen die neuen Mitarbeiter genug Raum zum Wachsen, und es muss neues Kapital beschafft werden. Mit der Vergrößerung (Skalierung) gestalten sich die Formalisierung von Prozessen und die Herstellung einer administrativen Kontrolle effizient und effektiv. Die von Lycko und Mahlendorf[17] zitierten Studien zeigen, dass Start-ups auch in dieser Phase Meilensteine festlegen und planen, inwiefern sich Produktportfolio, Personal, Umsatz usw. weiterentwickeln sollen, um die Höhe des Kapitalbedarfs abzuschätzen. Idealerweise werden die einzelnen Elemente der Planung in einem zentralen *Enterprise-Resource-Planning-System* kombiniert.

Aufgrund der zunehmenden Komplexität der Unternehmen wird das Unternehmen für Investoren weniger transparent. Diese sind daran interessiert, die Asymmetrie zwischen Management und Investoren zu reduzieren, und sie intensivieren ihre Mitwirkungs- und Kontrollrechte. Sie fordern zum Beispiel häufigere und detailliertere Berichte oder Veto-Rechte ein. Der Druck bewirkt bei Start-ups wiederum, dass sie ihre Buchhaltungssysteme an die Anforderungen anpassen, um Investoren schneller, gezielter und detaillierter informieren zu können. Diese Kontrolle erweist sich jedoch auch für junge Unternehmen als sinnvoll, denn es kann infolge schnell steigender Einkünfte zu überflüssigen hohen Ausgaben kommen. So wird von einem Start-up berichtet, welches trotz eines enormen Wachstumspotenzials scheiterte: „Wir gingen auf teure Konferenzen, buchten Flüge zu Kunden und haben das Team erweitert, Tonnen von Hardware gekauft, bevor wir sie an Kunden verkauft haben. […] Obwohl wir auf dem Papier enorme Fortschritte machten, haben wir nie einen stabilen Kanal zur Kundenakquise etabliert."[18] Bei einer straffen Kontrolle in Form von Planung und Budgeteinhaltung wäre das Risikopotenzial der hohen Ausgaben erkennbar gewesen und bei einer Kontrolle von Vertrieb und Kundenfeedback die Mängel der Kundenakquise. Nach dem Wachstum müssen Kontrollstrukturen laufend konsolidiert werden, um Ineffizienz zu verhindern. Eine wichtige Aufgabe in dieser Phase ist auch die Kodifizierung des angesammelten Wissens und der Aufbau

---

[17]Vgl. Lycko/Mahlendorf (2017), S. 30.

[18]Interview mit Gründer Jun Loayza für Studie, zitiert nach Lycko/Mahlendorf (2017), S. 30.

des Wissensmanagements. Das vorhandene Wissen muss explizit dokumentiert werden, insbesondere das implizite Erfahrungswissen, über das die Mitarbeiter zwar verfügen, es jedoch nicht bewusst anwenden.[19]

4.7   Expansionsphase

In der Expansionsphase werden die gesammelten Ressourcen für das Wachstum verwendet und die Wachstumsplanung realisiert. Diese Phase ist jedoch von extremer Unsicherheit und Komplexität geprägt. Dadurch sind zusätzliche Verfahren zur Erfolgskontrolle erforderlich, um die Zielerreichung bzw. die Mitarbeiter dahingehend zu überwachen, wie genau sie ihre Ziele erreichen. Da die Kundenzahl in dieser Phase stark zunimmt, muss das Kundenfeedback entsprechend ihrer Masse formalisiert werden. Formale Verkaufsziele werden laufend überprüft und bei Bedarf angepasst. Während die Ziele zentral festgelegt werden, werden die entsprechenden Maßnahmen dezentral umgesetzt. Formalisierte Verkaufsprozesse bieten den Vorteil, dass die Vertriebskosten reduziert werden können, aber auch, dass das Kundenerlebnis zum Standard wird und nicht beliebig vom Verkäufer abhängig ist.[20]

Start-ups beginnen damit, Produktprofitabilität, Kundenprofitabilität und Kundengewinnungskosten zu überwachen, um weiteren Kapitalbedarf zu vermeiden.[21] Online ist die Überwachung von Verkaufszahlen besonders einfach umzusetzen, beispielsweise indem bei jedem einzelnen Produkt die täglichen Klickzahlen gemessen werden und einmal wöchentlich die Produktprofitabilität kontrolliert werden. So können nicht funktionierende Produkte schnell zugunsten erfolgreicherer Modelle aussortiert werden.[22]

4.8   Etablierungsphase

Nach einem Wachstumsschub tritt eine neue Stabilisierungsphase ein, welche aufgrund der gewonnenen Substanz zur stabilen Etablierung werden soll. Auch diese Phase muss genutzt werden, indem das Unternehmen seine Prozesse

---

[19]Vgl. Lycko/Mahlendorf (2017), S. 30.
[20]Vgl. Lycko/Mahlendorf (2017), S. 31 f.
[21]Vgl. Davila/Foster (2007), S. 914 f.
[22]Vgl. Lycko/Mahlendorf (2017), S. 32.

optimiert, die Profitabilität verbessert und die erzielten Marktanteile hält (Kritische Erfolgsfaktoren). Im Anschluss daran können die eingeführten Systeme den tatsächlichen Anforderungen angepasst und konsolidiert werden. Der Faktor Unsicherheit ist in dieser Phase nicht mehr relevant, deshalb sind auch Kontrollfunktionen weniger bedeutend. Finanzkennzahlen werden zum Beispiel weniger genau und weniger häufig bearbeitet, da Umsätze und Gewinne stabil sind.

Zusammengefasst nehmen der Grad der Formalisierung und die Art der Kontrolle (kulturelle und administrative Kontrolle, Planung und Kompensierung) in den beschriebenen Phasen wie folgt zu: [23]

- *Gründung:* Planung und Kompensierung sowie die kulturelle Kontrolle sind informell vorhanden, die administrative Kontrolle existiert noch nicht.
- *Markteintritt:* Im Wesentlichen wie Gründung.
- *Stabilisierung:* Planung und Kompensierung bleiben weiterhin informell, während die kulturelle und administrative Kontrolle leicht formalisiert wird.
- *Wachstumsausrichtung:* Der Formalisierungsgrad nimmt zu, die kulturelle Kontrolle und Kompensierung sind leicht formalisiert, während Planung und administrative Kontrolle jetzt stark formalisiert werden.
- *Expansion:* In dieser Phase weist der Formalisierungsgrad seine stärkste Ausprägung auf. Mit Ausnahme der kulturellen Kontrolle sind alle Kontrollarten stark formalisiert.
- *Etablierung:* In der Etablierungsphase entspannt sich die Kontrolle. Alle Kontrollarten werden nur noch leicht formalisiert.

---

[23]Vgl. Lycko/Mahlendorf (2017), S. 31.

Von KPIs zu stabilen Controlling-Prozessen

5

Vietor und Wagemann[1] stellen die Hypothese auf, dass ein hoher Steuerungsgrad durch KPIs mit der positiven Entwicklung eines Start-ups korreliert. Dies ist auch empirisch belegt.[2] Nur wenn eine erfolgversprechende Geschäftsidee und eine gute Steuerung zusammenkommen, kann ein „wirklich nachhaltiges Unternehmen"[3] entstehen.

Bei der Anwendung von Kennzahlen in jungen Unternehmen besteht das Problem, dass viele klassische Kennzahlensysteme wie das Du Pont-System[4] oder Methoden schnell an ihre Grenzen kommen, wenn sie die Instabilität und Dynamik von Start-ups abbilden sollen. Hier muss darauf geachtet werden, nur Kennziffern zu wählen, welche diese Schwankungen berücksichtigen. Findet kein Controlling statt, ist jeder innerhalb des Unternehmens mit seinen Aufgaben und Zielen beschäftigt, und es fehlt die Gesamtperspektive. Es besteht somit die Gefahr, Potenziale zu überbewerten und Risiken auszublenden. Eine realistische Sicht auf Prozesse, Ereignisse, Ursache und Wirkung kann nur durch Controlling geschaffen werden. Insbesondere Frühwarnsysteme können negative Veränderungen rechtzeitig erkennen.[5] Auch der Einsatz einer Balanced Scorecard ist auf die Ausgewogenheit der genannten Faktoren ausgerichtet.[6]

---

[1]Vgl. Vietor/Wagemann (2017), S. 9.
[2]Vgl. Davila/Foster (2007), S. 907.
[3]Vietor/Wagemann (2017), S. 9.
[4]Vgl. Georg (2018c), S. 85.
[5]Vgl. Vietor/Wagemann (2017), S. 9.
[6]Vgl. Georg (2018c), S. 103 ff.

© Springer Fachmedien Wiesbaden GmbH, ein Teil von Springer Nature 2019
S. Georg, *Key Performance Indicators für junge Unternehmen*, essentials,
https://doi.org/10.1007/978-3-658-27546-4_5

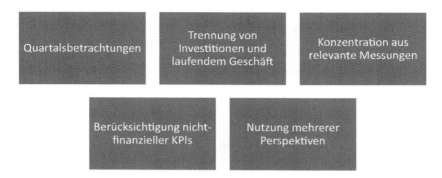

Abb. 5.1 Problemlösungsansätze junger Unternehmen

Eine wichtige Rolle spielt auch die Priorisierung. Controlling zeigt auf, wenn im Interesse der Nachhaltigkeit besser auf Wachstum verzichtet werden sollte. So werden zum Beispiel Kosten als fix betrachtet, welche bei fortgesetztem Wachstum dann variabel werden. In diesem Fall ist die Priorisierung „Effizienz vor Wachstum" nachhaltiger. Eine weitere wichtige Funktion von Controlling ist, negative Entwicklungen im Tagesgeschäft nicht einfach zu vergessen oder zu vernachlässigen, sondern zum Handeln aufzufordern.[7]

Die folgenden Lösungsansätze berücksichtigen typische Probleme von Startups und jungen Unternehmen (Abb. 5.1).

- *Quartalsbetrachtungen:* Ein Monat kann in die eine oder andere Richtung extreme Ergebnisse zeigen, zudem gegen die Veränderungsraten von sehr niedrigen Werten aus. Deshalb sollten die Betrachtungen nicht monatlich, sondern vierteljährlich erfolgen.
- *Trennung von Investitionen und laufendem Geschäft:* Da Investitionen gerade am Anfang besonders hoch sind, können cashflow-orientierte Kennzahlen die betriebliche Performance erheblich verzerren. Deshalb sind die Zahlen aus der Gewinn- und Verlustrechnung mit periodischen Abgrenzungen besser geeignet, um den tatsächlichen Erfolg zu bewerten.

---

[7]Vgl. Vietor/Wagemann (2017), S. 12.

- *Konzentration auf relevante Messungen:* Performance-Messungen und Steuerungen sind aufwändig. Deshalb ist es sinnvoll, am Anfang nur mit den wesentlichen Key Performance Indicators der Erfolgsmessung zu beginnen.
- *Stärkere Berücksichtigung nicht-finanzieller KPIs:* Die vergangenheitsorientierten finanziellen KPIs sind immer noch die häufigsten Kennzahlen. Nicht-finanzielle KPIs sind jedoch häufig relevanter.
- *Nutzung mehrerer Perspektiven:* Der Erfolg von Produkten, Teams, Vertriebskanälen, Marketingmaßnahmen usw. kann sich in unterschiedlichen Sparten, Länder und Kanälen sehr unterschiedlich auswirken. Deshalb sollten differenzierte Betrachtungen aus mehreren Perspektiven abgeschlossen sein und nicht nur eine Durchschnittsbewertung erfolgen.[8]

Kritische Erfolgsfaktoren über die Messung der KPIs und Controllingsysteme können letztlich nur dann Veränderungen bewirken, wenn sie in die jeweiligen Prozesse integriert werden. Dafür sind nach Vietor und Wagemann die folgenden Rahmenbedingungen zu schaffen: [9]

- *Buchhaltung:* Die Zahlen aus der Buchhaltung sollten stets und pünktlich vorliegen.
- *Einfache Umsetzung:* In den Anfangsphasen des Start-ups ist meist kein Controlling-Experte an Bord. Der Anspruch in dieser Zeit ist nicht hoch, um die Entwicklung zahlenbasiert zu beobachten. Der Ressourcenmangel soll durch Pragmatismus ersetzt werden.
- *Soll-Ist-Vergleich:* Häufig bleibt der Vergleich der Planung mit der Realisierung aus, doch gerade diese einfachen Vergleiche fungieren auch in kleinsten Unternehmen als effektives Warnsystem.
- *Benchmarking:* Auch für neue Geschäftsmodelle gibt es Datengrundlagen aus der Branche, welche als Vergleich dienen können.
- *Ständige Anpassung:* Da sich Wachstumsunternehmen ständig verändern, müssen auch Steuerungs- und Controlling-Prozesse stetig angepasst werden.

Somit existieren relativ einfache Maßnahmen zur zielgerichteten Steuerung von Start-ups und jungen Unternehmen auf Basis kritischer Erfolgsfaktoren.

---

[8]Vgl. Vietor/Wagemann (2017), S. 9–11.

[9]Vgl. Vietor/Wagemann (2017), S. 11 f.

Was Sie aus diesem *essential* mitnehmen können

- Empirische Untersuchungen zeigen, dass die nachhaltige Verwendung von Key Performance Indicators einen positiven Einfluss auf die Entwicklung von Start-ups ausübt.
- Sie werden sehen, dass das Controlling eine realistische Sicht auf Prozesse, Ereignisse sowie Ursache-Wirkungs-Prozesse ermöglicht. Dazu ist das Controlling als Frühwarnsystem zu implementieren, das unmittelbar auf die einzelnen Phasen junger Unternehmen zugeschnitten ist.
- Klassische Kennzahlensysteme sind dagegen nicht geeignet, die besonderen Entwicklungsschritte neu gegründeter Unternehmen zu überwachen und zu steuern.

© Springer Fachmedien Wiesbaden GmbH, ein Teil von Springer Nature 2019   53
S. Georg, *Key Performance Indicators für junge Unternehmen,* essentials,
https://doi.org/10.1007/978-3-658-27546-4

Literatur

Accenture (2014): Customer 2020. Are You Future-Ready of Reliving the Past?, Accenture Strategy, S. 3–5.

Achleitner, A.-K. (o. J.). Onlinequelle. Stichwort: Mezzanine Finanzierung. Erreichbar unter: http://wirtschaftslexikon.gabler.de/Definition/mezzanine-finanzierung.html.

Achleitner, A.-K. (2018). Onlinequelle. Definition Start-up-Unternehmen. Erreichbar unter: https://wirtschaftslexikon.gabler.de/definition/start-unternehmen-42136/version-265490.

Baulig, B. (2014). Onlinequelle. Crowdinvesting ist als Idee genial, Interview mit Christopher Hahn, Springer Professional (21.01.2014). Erreichbar unter: https://www.springer-professional.de/bankvertrieb/crowdfunding/crowdinvesting-ist-als-idee-genial/6601910.

Behringer, S. (2018): Controlling. Wiesbaden: Springer Fachmedien.

BMWI (2016). Onlinequelle. Bündnis Zukunft der Industrie: Gemeinsam die Industrie stärken. Erreichbar unter: http://www.bmwi.de/DE/Themen/Industrie/buendnis-zukunft-der-industrie.html.

BMWI Existenzgründung (2018). Onlinequelle. Existenzgründung: Motor für Wachstum und Wettbewerb. Erreichbar unter: https://www.bmwi.de/Redaktion/DE/Dossier/existenzgruendung.html.

BMWI GründerZeiten 07 (2018). Businessplan. Bundesministerium für Wirtschaft und Energie (Hrsg.), S. 1–12.

Bornhorn, H. (2012): Möglichkeiten und Grenzen mathematisch-statistischer Methoden bei der Quantifizierung von Risiken, in: Jacobs, J./ Riegler, J.-J./ Schulte-Mattler, H./ Weinrich, G. (Hrsg.): Frühwarnindikatoren und Krisenfrühaufklärung. Konzepte zum präventiven Risikomanagement, Wiesbaden: Gabler, S. 45–72.

Brokmann, T./Weinrich, G. (2012): Frühwarnindikatoren und Krisenfrühaufklärungsansätze und Praxisanforderungen, in: Jacobs, J./ Riegler, J.-J./ Schulte-Mattler, H./ Weinrich, G. (Hrsg.): Frühwarnindikatoren und Krisenfrühaufklärung. Konzepte zum präventiven Risikomanagement, Wiesbaden: Gabler, S. 13–42.

Buhrymenka, A. (2012). Erfolgreiche Unternehmensführung durch den Einsatz von Corporate Performance Management: Für Unternehmen mit Business Intelligence. Hamburg: Diplomica.

Bundesministerium der Finanzen (2010). Onlinequelle. Einfach erklärt: Was ist Basel III? Erreichbar unter: https://www.bundesfinanzministerium.de/Content/DE/Standardartikel/Service/Einfach_erklaert/2010-11-04-einfach-erklaert-basel-III-alternativversion.htMl.

© Springer Fachmedien Wiesbaden GmbH, ein Teil von Springer Nature 2019   55
S. Georg, *Key Performance Indicators für junge Unternehmen*, essentials,
https://doi.org/10.1007/978-3-658-27546-4

Business-Wissen.de (o. J.). Onlinequelle. Kennzahlensysteme, Kennzahlen als Planzahlen, Sollvorgaben und Soll-Ist-Vergleich. Erreichbar unter: https://www.business-wissen.de/hb/kennzahlen-als-planzahlen-sollvorgaben-und-soll-ist-vergleich/

Davila, T. / Foster, G. (2007): Management Control Systems in Early-stage Start-up Companies. In: The Accounting Review, 82. Jg., Nr. 4, S. 907–937.

Diederichs, M. (2017): Risikomanagement und Risikocontrolling, 4. Aufl., München: Vahlen.

Diehm, J. (2017). Controlling in Start-up-Unternehmen, Wiesbaden: Springer Fachmedien.

Dintner, R. (Hrsg.) (1999). Controlling in kleinen und mittelgroßen Unternehmen: Klassifikation, Stand und Entwicklung. Frankfurt am Main: Peter Lang.

Dorf, B. / Blank, S. / Högsdal, N. / Bartel, D. (2014)). Das Handbuch für Start-ups. Schritt für Schritt zum erfolgreichen Unternehmen. Deutsche Ausgabe von The Start-up Owners Manual mit deutschen Case Studies., Köln: O'Reilly Deutschland.

Georg, S. (o. J.). Onlinequelle. Grundlagen Kostenmanagement. Erreichbar unter: https://www.wiin-kostenmanagement.de/grundlagen-kostenmanagement/.

Georg, S. (2018a). Basiswissen betriebliche Steuerlehre. Ein Überblick für Studierende und Selbstständige. Springer Essentials.

Georg, S. (2018b). Edition Wirtschaftsingenieurwesen. Das Taschenbuch zur Kostenrechnung. Epubli.

Georg, S. (2018c). Edition Wirtschaftsingenieurwesen. Das Taschenbuch zum Controlling. Epubli.

Gladen, W. (2014). Performance Measurement: Controlling mit Kennzahlen. 6., überarbeitete Aufl. Wiesbaden: Springer Fachmedien.

Grummer, J.-M. / Brorhilker, J. (2014). Onlinequelle. Warum Start-ups KPIs brauchen: Kennzahlen aus VC-Sicht (18.06.2014). Erreichbar unter: https://www.gruenderszene.de/allgemein/kpi-kennzahlen-Start-up-vc?interstitial.

Hahn, C. (Hrsg.) (2014). Finanzierung und Besteuerung von Start-up-Unternehmen. Wiesbaden: Springer Fachmedien.

Hemer, J. / Schneider, U. / Dornbusch, F. / Frey, S. (2011). Crowdfunding und andere Formen informeller Mikrofinanzierung in der Projekt- und Innovationsfinanzierung. Stuttgart: Fraunhofer Verlag.

Horváth, P. (1981). Controlling im Klein- und Mittelbetrieb. 3. Aufl., Eschborn: Rationalisierungskuratorium Dt. Wirtschaft.

Ingram, T. N. / LaForge, R. W. / Leigh, T. W. (2002). Selling in the new millennium. A joint agenda. In: Industrial Marketing Management, 31. Jg., Nr. 7, S. 559–567.

Jung, H. (2010). Allgemeine Betriebswirtschaftslehre. 13. Aufl. München: Oldenbourg.

Kaack, J. (2012). Performance Measurement für die Unternehmenssicherheit: Entwurf eines Kennzahlen- und Indikatorensystems und die prozessorientierte Implementierung, Wiesbaden: Gabler.

Kleindienst, B. (2017). Performance Measurement und Management: Gestaltung und Einführung von Kennzahlen- und Steuerungssystemen. Dissertation Montanuniversität Leoben, Österreich 2016. Wiesbaden: Springer Fachmedien.

Kollmann, T. / Stöckmann, C. / Hensellek, S. / Kensbock, J. (2017): Deutscher Start-up Monitor 2017. Mut und Macher, Bundesverband Deutsche Start-ups e. V., KPMG Deutschland (Hrsg.)

Kühnapfel, J. B. (2017). Vertriebscontrolling: Methoden im praktischen Einsatz. Wiesbaden: Springer Fachmedien.

Kulicke, M. / Leimbach, T. (2012). Venture Capital und weitere Rahmenbedingungen für eine Gründungskultur. Gutachten für das Sekretariat der Enquete-Kommission „Internet und digitale Gesellschaft" des Deutschen Bundestages, Fraunhofer Institut für System- und Innovationsforschung ISI, Karlsruhe.

Lüdtke, C. (2017). Pragmatisch und flexibel: Controlling in der Frühphase. In: Controlling & Management Review, Ausgabe 6/2017, S. 34–39. .

Lycko, M. A. / Mahlendorf M. D. (2017). Management-Control-Systeme in Start-ups. In: Controlling & Management Review, Ausgabe 6/2017, S. 24–33.

Mangold, G. W. / Faulds, D. J. (2009). Social media. The new hybrid element of the promotion mix. In: Business Horizons, 52. Jg, Nr. 4, S. 357–365.

Meier, S. (2017). Onlinequelle. Wie viel Controlling braucht ein Start-up? (18.09.2017). Erreichbar unter: https://www.springerprofessional.de/controlling/unternehmensgruendung/wie-viel-controlling-braucht-ein-Start-up-/15066948.

Metzger, G. (2018). KfW-Gründungsmonitor 2018. KfW Bankengruppe (Hrsg.). S. 3–10.

Müge, M. / Georg, S. (2018). Handel 4.0. Trends für eine nachhaltige Kundenbindung. Epubli.

Neely, A. / Gregory, M. / Platts, K.: Performance measurement system design. A literature review and research agenda, in: International Journal of Operations & Production Management, 15. Jg., Nr. 4, S. 80–116.

Padevit, C. (2014). Banken kehren KMU den Rücken: Kleinere und mittlere Unternehmen müssen sich nach alternativen Geldquellen umsehen, denn Banken wollen ihnen keinen Kredit mehr geben. In: Finanz und Wirtschaft, Nr. 15, S. 22.

Parmenter, D. (2010). Key Performance Indicators: Developing, Implementing, and Using Winning KPIs. 2. Aufl., Hoboken N.J.: Wiley & Sons.

Peemöller, V. H. / Geiger, T. (2002). Controlling: Grundlagen und Einsatzgebiete. 4. Aufl. Herne: Neue Wirtschaftsbriefe.

Pidun, T. (2015). Visibility of Performance. Dissertation, Technische Universität Dresden.

Plümer, T. / Niemann, M. (2016). Existenzgründung Schritt für Schritt. Mit 2 ausführlichen Businessplänen, 2., aktualisierte Aufl. Wiesbaden: Gabler.

Pott, O. / Pott, A. (2012). Entrepreneurship: Unternehmensgründung, unternehmerisches Handeln und rechtliche Aspekte. Berlin: Springer.

Pufahl, M. (2015). Sales Performance Management: Exzellenz im Vertrieb mit ganzheitlichen Steuerungskonzepten. Wiesbaden: Gabler.

Rodriguez, M. / Honeycutt, E. D. Jr. (2011). CRM's impact on B2B sales professionals' collaboration and sales performance. In: Journal of Business-to-Business Marketing, 18. Jg., Nr. 4, S. 335–356.

Schäffer, U. (2017). Wir brauchen einen kontextsensitiven Controlling-Ansatz. In: Controlling & Management Review, Ausgabe 6/2017, S. 16–23.

Schramm, D. M. / Carstens, J. (2014). Start-up-Crowdfunding und Crowdinvesting. Ein Guide für Gründer. Mit Kapital aus der Crowd junge Unternehmen online finanzieren. Wiesbaden: Springer.

Sixt, E. (2014). Schwarmökonomie und Crowdfunding. Webbasierte Finanzierungssysteme im Rahmen realwirtschaftlicher Bedingungen. Wiesbaden: Springer.

Statista (2018). Onlinequelle. Verteilung von Start-ups in Deutschland nach Finanzierungsquellen laut DSM im Jahr 2018. Erreichbar unter: https://de.statista.com/statistik/daten/studie/573844/umfrage/verteilung-von-Start-ups-in-deutschland-nach-finanzierungsquellen/.

Sternberg, R. / Vorderwülbecke, A. / Brixy, U. (2014). Global Entrepreneurship Monitor. Unternehmensgründungen im weltweiten Vergleich. Länderbericht Deutschland 2014. Institut für Arbeitsmarkt- und Berufsforschung/Leibniz Universität Hannover. S. 23–25.

Strauss, E.R. / Nevries, P. / Weber, J. (2013): The Development of MCS Packages – Balancing Constituents' Demands. In: Journal of Accounting & Organizational Change, 9. Jg., Nr. 2, S. 155–187.

Vietor, M. / Wagemann, B. (2017). Von der Vernachlässigung des Controllings in Start-ups. In: Controlling & Management Review, Ausgabe 6/2017, S. 8–15.

Werner, A. (2018). Onlinequelle. Strategisches vs. operatives Controlling. Erreichbar unter: https://www.controllingportal.de/Fachinfo/Grundlagen/Strategisches-vs.-operatives-Controlling.html.

Wirtschaftslexikon24.com (o. J.). Onlinequelle. Obligationen. Erreichbar unter: http://www.wirtschaftslexikon24.com/d/obligationen/obligationen.htm.

Wittenberg, V. (2006). Controlling in jungen Unternehmen. Nürnberg: Deutscher Universitätsverlag.

Zimmermann, V. (2017). Unternehmensbefragung 2017: Kreditzugang bestenfalls stabil - erste Anzeichen einer Trendwende? KfW Bankengruppe (Hrsg.). S. 3–15.

Printed in the United States
By Bookmasters